www.ingramcontent.com/pod-product-compliance
Lightning Source LLC
LaVergne TN
LVHW010405070526
838199LV00065B/5901
9789358722932

۱۸۵۷ء ۔ ایک مطالعہ

خلیق احمد نظامی

حیدرآباد، ہند میں ۲۰۰۷ء میں اقبال اکادمی کے زیر اہتمام منعقد ہوئے سیمنار کے سلسلے میں ساونیر کے لئے حاصل شدہ مضمون

مرتبہ : اعجاز عبید

© Taemeer Publications LLC

1857 : Ek Mutaleaa
by: Khaliq Ahmed Nizami
Edition: November '2024
Publisher :
Taemeer Publications LLC (Michigan, USA / Hyderabad, India)

ISBN 978-93-5872-293-2
9 789358 722932

مصنف یا مرتب یا ناشر کی پیشگی اجازت کے بغیر اس کتاب کا کوئی بھی حصہ کسی بھی شکل میں بشمول ویب سائٹ پر اَپ لوڈنگ کے لیے استعمال نہ کیا جائے۔ نیز اس کتاب پر کسی بھی قسم کے تنازع کو نمٹانے کا اختیار صرف حیدرآباد (تلنگانہ) کی عدلیہ کو ہو گا۔

© تعمیر پبلی کیشنز

کتاب	:	**۱۸۵۷ : ایک مطالعہ**
مصنف	:	**خلیق احمد نظامی**
ترتیب و تدوین	:	اعجاز عبید
صنف	:	تحقیق
ناشر	:	تعمیر پبلی کیشنز (حیدرآباد، انڈیا)
سالِ اشاعت	:	۲۰۲۴ء
صفحات	:	۹۶

1857ء ہندوستان کی سیاسی اور ثقافتی تاریخ میں ایک سنگ میل کی حیثیت رکھتا ہے قدیم و جدید کے درمیان یہی وہ منزل ہے جہاں سے ماضی کے نقوش بھی پڑھے جا سکتے ہیں اور مستقبل کے امکانات کا جائزہ بھی لیا جا سکتا ہے۔ مغلیہ سلطنت جس کے دامن میں ایک ایسی تہذیب نے پرورش پائی تھی جو رنگ و نسل اور مذہب و ملت کے سارے امتیازات سے بالاتر ہو کر ایک عرصہ تک ہندوستان کی سیاسی وحدت کی ضامن رہی تھی، یہاں پہنچ کر دم توڑ دیتی ہے۔ اور اس کے ساتھ تاریخ کا ایک دور ختم ہو جاتا ہے۔

پرانا سماجی نظام اور پرانے نظریات وقت کے نئے تقاضوں کے سامنے سرنگوں ہو جاتے ہیں اور نئی سماجی قوتیں صرف فکر و نظر کے سانچے ہی توڑنے پر اکتفا نہیں کرتیں بلکہ زندگی کے سارے محور بدل دیتی ہیں۔ حقیقت یہ ہے کہ 1857ء میں صرف ایک سیاسی نظام ہی کا

جنازہ نہیں نکلتا بلکہ ہندی قرونِ وسطی کا سارا تہذیبی سرمایہ نیست و نابود ہو جاتا ہے۔ دہلی جو صدیوں تک علم و ہنر کا مرکز اور تہذیب و تمدن کا گہوارہ رہی تھی اس طرح تباہ و برباد ہو جاتی ہے کہ دیکھنے والے بے اختیار پکار اُٹھتے ہیں ؎

مٹ گئے تیرے مٹانے کے نشاں بھی اب تو
اے فلک !اس سے زیادہ نہ مٹانا ہرگز

اس سیاسی اور تمدنی بربادی کی داستان مورخین نے مختلف نقط ہائے نظر سے ترتیب دی ہے، بعض نے اس کا مطالعہ محض سپاہیوں کے ہنگامہ کی حیثیت سے کیا ہے بعض نے پوری تحریک میں صرف چند رجعت پسند عناصر کی سرگرمی دیکھی ہے اور کچھ مصنفین نے اس کو ایک ڈوبتے ہوئے جاگیر دارانہ نظام کے سنبھالنے کی کوشش سے تعبیر کیا ہے۔ یہ اور اس طرح کی تمام تعبیریں حقیقت کے صرف ایک پہلو کو سامنے لاتی ہیں اس لئے جزوی طور پر صحیح لیکن کلی طور پر غلط ہیں۔

دنیا کی کسی تحریک کا بھی بے تعصبی سے مطالعہ کیا جائے تو یہ حقیقت واضح ہو جائے گی کہ اس میں حصہ لینے والے سب لوگوں کے مقاصد اور مطمح ہائے نظر ایک نہیں ہوتے۔ فرانس میں جب cahiers کے ذریعہ فرانسیسی باشندوں کی شکایت اور مطالبات کا پتہ لگانے کی جستجو کی گئی تو معلوم ہوا کہ جہاں کچھ لوگ مطلق العنان شخصی حکومت سے نالاں تھے، وہاں کچھ لوگ ایسے بھی تھے جن کو صرف یہ شکایت تھی کہ ان کے محلہ میں روشنی کا کوئی معقول انتظام نہ تھا۔

تاریخ عالم شاہد ہے کہ کسی محکم سیاسی نظام کو توڑنے کے لئے جو تحریک بھی اٹھتی ہے اُسے اپنی منزل تک پہنچنے کے لئے کتنی ہی پُر پیچ وادیوں سے گزرنا پڑتا ہے۔ کبھی وقتی جذبات اور عارضی مصالح، بنیادی مقاصد اور حقیقی نصب العین کو شکست دیتے ہوئے نظر آتے ہیں، کبھی ایسا بھی ہوتا ہے کہ تحریک ان ہاتھوں میں چلی جاتی ہے اپنے افکار کی پستی اور کردار کی درماندگی کی بنا پر قیادت کی اہلیت نہیں رکھتے لیکن بایں ہمہ تحریک کے مقصد د منہاج کا نقش معاصرین کے ذہنوں میں قائم ہو جاتا ہے وہی اس کی نوعیت کو متعین کرتا ہے اور

اسی سے اس کی کامیابی یا ناکامی کا اندازہ لگایا جاتا ہے۔ انقلاب فرانس کا مقصد شہنشاہیت کا استیصال اور ایک ایسے نظام کی تشکیل تھا جس کی عمارت حریت، اخوت اور مساوات کی محکم بنیادوں پر قائم ہو، لیکن کیا انقلاب فرانس کی تاریخ میں صرف یہی مرکزی نقطۂ نظر ہمیشہ اور ہر طبقہ کا رہا ہے؟۔۔۔

مورخوں نے تسلیم کیا ہے کہ انقلاب کے دوران میں بارہا ایسے عناصر برسر اقتدار آئے جو تحریک کی قیادت کی اہلیت نہ رکھتے تھے لیکن اس کے باوجود تحریک کا دھارا scumred scumwhite کو اپنی سطح پر لئے اپنے مقصد کی جانب بڑھتا رہا۔

۱۸۵۷ء میں سپاہیوں کی بغاوت بھی ہوئی اور رجعت پسند عناصر نے اپنے مقاصد کے حصول کے لئے جدوجہد بھی کی لیکن مجموعی حیثیت سے تحریک کی نوعیت غیر ملکی اقتدار کے خلاف قومی تحریک ہی کی رہی اور اس کا احساس انگلستان کے بعض معاصر صحافیوں اور مدبروں کو بھی تھا۔ لارڈ سالسبری نے ایوان عام میں تقریر کرتے ہوئے کہا تھا کہ کیسے تسلیم کرلیا جائے کہ اتنی وسیع اور زبردست تحریک صرف کا

رتوسوں کی وجہ سے اٹھ کھڑی ہوئی۔ لندن کے ایک اخبار نے اسی زمانہ میں لکھا تھا:

''اگر بے اطمینانی صرف سپاہیوں تک ہی محدود ہے اور عام لوگ ہمارے ساتھ ہیں تو سمجھ میں نہیں آتا کہ حکومتِ ہند کیوں بار بار انگریزی فوجیں طلب کرتی ہے اور تار پر تاریکیوں کھڑکاتی ہے؟ اگر لوگ حکومت کے ساتھ ہیں جیسا کہ وزیر اور کمپنی کے ڈائرکٹر بیان کرتے ہیں تو انہیں وہیں سے اتنے آدمی مل سکتے ہیں کہ وہ اُن سے دس فوجیں کھڑی کرلیں۔''

انگریز نے اپنا تسلط قائم کر لینے کے بعد جس بہیمت اور بربریت کے ساتھ ہندوستانیوں کو سزائیں دی تھیں اور ہزاروں بے گناہ انسانوں کو محض انتقامی جذبے کے ماتحت موت کے گھاٹ اتارا تھا اُس سے ملک میں خوف اور دہشت کی ایک عام کیفیت پیدا ہو گئی۔ ہندوستانیوں میں اتنی ہمت تک نہ تھی کہ تحریک کی نوعیت کے متعلق ایک حرف بھی نوک زباں پر لا سکیں۔ انگریز نے تحریک کو ''غدر'' کہا تو وہ خود بھی اسے ''غدر'' کہنے لگے۔

جوں جوں دلوں سے خوف کے پردے ہٹے، تحریک کی صحیح نوعیت کا احساس بھی بیدار ہونے لگا اور اسی کے ساتھ ساتھ زاویۂ نگاہ میں تبدیلی بھی پیدا ہونے لگی "غدر" سے "رست خیز بیجا" ہوا، اور "رستخیز بے جا" سے "ہنگامہ ۱۸۵۷ء "اور آزادی کے بعد "آزادی کی پہلی جنگ "یا "قومی تحریک"۔ گویہ سب الفاظ بدلتی ہوئی سیاسی فضا کی آئینہ دار ہیں، لیکن یہ شبہ ذہن میں پیدا نہیں ہونا چاہیے کہ معاصرین ۵۷ء کے ہنگامہ کو "قومی تحریک" یا "آزادی کی جدوجہد" سے تعبیر نہیں کرتے تھے۔ صحیح ہے کہ قومیت کا موجودہ تصور اس دور میں نہ تھا، لیکن انگریزوں کے خلاف پورے ہندوستان کے ایک ہونے کا تصور 'غدر' سے بہت پہلے ہندوستانی ذہن میں کام کرنے لگا تھا۔ سید احمد شہیدؒ نے ہندو راؤ کو جو خط لکھا تھا اُس میں "بیگانوں" کے ہندوستان پر قابض ہو جانے کی شکایت تھی! گویا وہ ایک ہی گھر کے آدمی کو مشترکہ دشمن کے خلاف اشتراکِ عمل کی دعوت دے رہے تھے۔ رسالۂ اسباب بغاوت ہند میں گو مصلحت وقت نے بعض مقامات پر سر سید کا قلم پکڑ

لیا ہے لیکن پھر بھی اُنھوں نے تحریک کی نوعیت کو واضح کرنے میں سر مو کوتاہی نہیں کی۔ اُن کا ایک طرف یہ لکھنا کہ۔۔۔

بہت سی باتیں ایک مدتِ دراز سے لوگوں کے دل میں جمع ہوتی جاتی تھیں اور بہت بڑا میگزین جمع ہو گیا تھا صرف اس کے شتابے میں آگ لگانی باقی تھی۔

کہ سال گزشتہ میں فوج کی بغاوت نے اس میں آگ لگا دی''

اور دوسری طرف یہ کہنا کہ۔

''سب لوگ تسلیم کرتے چلے آئے ہیں کہ واسطے اسلوبی اور خوبی اور پائداری گورنمنٹ کے مداخلت رعایا کی حکومت ملک میں واجبات میں سے ہے۔۔۔ اور یہ بات نہیں حاصل ہوتی جب تک کہ مداخلت رعایا کی حکومت ملک میں نہ ہو۔۔۔ پس یہی ایک بات ہی جو جڑ ہے تمام ہندوستان کے فساد کی اور جتنی باتیں اور جمع ہوتی گئیں وہ سب اُس کی شاخیں ہیں''

صاف ظاہر کرتا ہے کہ وہ تحریک کی عوامی حیثیت کے پورے طور پر معترف تھے۔ خود انگریزوں نے اس تحریک کو دبانے کے لیے جو

طریقۂ کار اختیار کیا تھا اور جس طرح ہندوستانیوں کو سزائیں محض یہ حقیقت کہ 1857ء کے ہنگامہ دار و گیر سے گزرنے والوں کو "مجاہدین فی سبیل اللہ" اور "شہداء راہ خدا" کا درجہ دیا گیا تھا۔ ہندوستانیوں کی تحریک سے گہری وابستگی کو سمجھنے کے لیے بس کرتی ہے!

1857ء کی تحریک میں سکھوں اور پارسیوں کے علاوہ ہر مذہب و ملت کے لوگوں نے حصہ لیا تھا۔ تحریک کی ہمہ گیری کا عالم یہ تھا کہ تین ہفتوں کے اندر اندر سارے ملک میں ہنگامے شروع ہو گئے تھے۔ اس سے انکار نہیں کیا جا سکتا کہ ہندوستان کے بعض علاقے تحریک سے علیحدہ رہے اور بعض نے انگریزوں کا ساتھ دیا لیکن اس سے تحریک کی نوعیت پر کوئی اثر نہیں پڑتا۔ کسی بھی قومی تحریک یا جنگ آزادی میں تمام علاقوں اور تمام طبقات نے شرکت نہیں کی ہے۔ انقلابِ فرانس کے وقت ملک میں ایک ایسا طبقہ موجود تھا جو شہنشاہیت کو قائم رکھنا چاہتا تھا اور اس کی موافقت میں کام کر رہا تھا۔ اسی طرح امریکہ کی جنگ آزادی میں بہت سے لوگ تاج برطانیہ کے مددگار رہے تھے۔

یہاں ایک سوال یہ پیدا ہوتا ہے کہ ۵۷ء کی تحریک عوامی ہوتے ہوئے بھی ناکام کیوں رہی اس سلسلہ میں تاریخ انقلاب کا ایک راز فراموش نہیں کرنا چاہیے۔ انقلابی جذبات کے بیدار ہونے کے لئے جہاں یہ ضروری ہے کہ عوام کے دل میں کسی نظام کے خلاف شدید بے چینی ہو وہاں اس کامیابی کے لئے از بس لازمی ہے کہ مستقبل کی تعمیر کا ایک واضح خاکہ ذہن میں ہو۔ ۱۸۵۷ء میں انگریزوں کے خلاف شدید نفرت اور برطانوی طریق کار سے سخت بیزاری ضرور نظر آتی ہے لیکن کسی ایک شخص کے ذہن میں بھی تشکیل جدید کا نقشہ نہیں ملتا! یہی نہیں بلکہ اُس وقت جتنی بھی طاقتیں میدان میں سرگرم عمل تھیں ان میں سے کوئی بھی ایک کُل ہند نظام کا بوجھ سنبھالنے کی صلاحیت نہ رکھتی تھی۔ یہ ایسی محرومی تھی جس نے ساری تحریک کی روح کو مضمحل کر دیا تھا۔ اور ہر فوجی مہم کسی مقصد تک رہبری کرنے کے بجائے وقتی ہنگامہ آرائی میں ختم ہو جاتی تھی۔ جمہوریت اور خود اختیاری کے افکار ابھی سیاسی شعور میں داخل نہیں ہوئے تھے اس لئے سیاسی زندگی کی تعمیر نو کا سوال بے معنی تھا۔ شخصی حکومت کا

تصور اس طرح رگ و ریشہ میں پیوست ہو چکا تھا کہ ہر مقام پر لوگ ایک ''بہادر شاہ'' ایک ''نانا صاحب'' ایک ''رانی لکشمی بائی'' ایک ''برجیس قدر'' کی تلاش کرتے تھے۔ اور چاہتے کہ ان ہی کے سہارے کوئی ایسا نظام تشکیل پا جائے جو اُن کے مصائب کا علاج اور اُن کے درد کا مداوا بن سکے مغل بادشاہ ہندوستان کا تو سوال کیا، لال قلعہ کو بھی قابو میں رکھنے کی صلاحیت نہ رکھتا تھا۔ مرہٹوں کی اجتماعی طاقت کا عرصہ ہوا خاتمہ ہو چکا تھا۔ روہیلوں کے چند سردار جو اس وقت مختلف مقامات پر اپنی طاقت کا استحکام کر رہے تھے، مقامی طور پر مدافعت اور کار برآری کی صلاحیت تو رکھتے تھے، لیکن ایک وسیع علاقہ پر حکومت کرنے کے لئے جس دور اندیشی، تدبر اور انتظامی صلاحیت کی ضرورت تھی اس کا دور تک کہیں پتہ نہ تھا۔ پھر اس شخصی عقیدت کے نازک رشتوں کو بھی توڑنے کے لئے کتنے ہی عناصر کام کر رہے تھے۔ دہلی میں بخت خاں کو نہ صرف مغل شہزادوں کا تعاون حاصل نہ ہو سکا بلکہ اس کا اثر توڑنے کے لئے یہ پروپیگنڈا کیا گیا کہ شیر شاہ کی طرح اس کا اقتدار بھی مغلیہ خاندان کے لئے مہلک ثابت ہو گا لکھنؤ

میں حضرت محل کے ذہن میں یہ بات بٹھائی گئی کہ اگر احمد اللہ شاہ کی مدد سے اقتدار قائم ہوا تو سنیوں کا غلبہ ہو جائے گا اسی طرح روہیلوں کے علاقوں میں ہندو زمینداروں کو روہیلہ سرداروں سے برگشتہ کیا گیا۔ لارنس نے سکھوں کو بہادر شاہ سے بد ظن کر کے دہلی کے ساتھ سکھوں کے اشتراک عمل کے امکانات کو ختم کر دیا۔ ان تمام کمزوریوں اور کوتاہیوں کے باوجود اگر ۱۸۵۷ء کا ہندوستان بہترین صلاحیتوں کو یکجا کر دیتا تو یقیناً غلامی کی زنجیریں اتنی آسانی سے نہ پہنا ئی جا سکتیں تھیں۔

۱۸۵۷ء کی تحریک غیر ملکی اقتدار کے خلاف جنگ کی ابتداء بھی تھی اور ایک منزل بھی۔ یہ سمجھ لینا صحیح نہ ہو گا کہ اس سے قبل انگریزوں کے خلاف نفرت کے جذبات کا اظہار نہیں ہوا تھا۔ ہندوستانیوں کا ذہن غیر ملکی تسلط کے خلاف پورے طور پر تیار ہو چکا تھا۔ یہ سیاسی شعور اور بیداری شاہ ولی اللہ دہلویؒ (م ۱۷۶۲ء ۱۱۷۶ھ) اور ان کے گھرانے کی پیدا کی ہوئی تھی۔ شاہ صاحبؒ نے اپنی تصانیف میں ملوکیت اور شہنشا ہیت کے خلاف جگہ جگہ آواز اٹھائی تھی اور سیاسی نظام کی اصلاح کے

لیے صرف اعلیٰ طبقوں، امراء و حکام ہی کو متوجہ نہیں کیا تھا، بلکہ عوام کو بھی مخاطب کیا تھا، ان کی تحریک کا سب سے زیادہ ترقی پسند پہلو یہ تھا کہ وہ سیاسی نظام کا انحصار ''عوام'' پر سمجھتے تھے اور ان میں یہ احساس پیدا کرنا چاہتے تھے کہ اگر وہ تیار ہو جائیں تو سارے مصائب کا علاج ممکن ہے ان کے جانشینوں نے ان کی تحریک کو آگے بڑھایا اور ان کے پیدا کیے ہوئے سیاسی دستور کی روشنی میں ملک کی رہبری کی۔ شاہ عبدالعزیز صاحبؒ (م ۱۸۲۴ء) ۱۲۳۹ھ) نے ایک فتویٰ میں کہا تھا۔

یہاں روسائے نصاریٰ کا حکم بلا دغدغہ اور بے دھڑک جاری ہے اور ان کا حکم جاری اور نافذ ہونے کا مطلب یہ ہے کہ ملک داری اور ہندو بست رعایا، خراج و باج، مال تجارت پر ٹیکس، ڈاکوؤں اور چوروں کو سزائیں، مقدمات کے تصفیے، جرائم کی سزائیں، وغیرہ (ان تمام معاملات میں) یہ لوگ بطور خود حاکم اور مختار مطلق ہیں۔ ہندوستانیوں کو اُن کے بارے میں کوئی دخل نہیں بیشک نماز جمعہ، عیدین، اذان، ذبیحہ گاؤ جیسے اسلام کے چند احکام میں وہ رکاوٹ نہیں ڈالتے، لیکن جو چیز ان سب کی جڑ اور بنیاد ہے وہ قطعاً بے حقیقت اور پامال ہے چنانچہ

بے تکلف مسجدوں کو مسمار کر دیتے ہیں عوام کی شہری آزادی ختم ہو چکی ہے۔ انتہا یہ کہ وہ کوئی مسلمان یا غیر مسلم اُن کی اجازت کے بغیر اس شہر یا اس کے اطراف و جوانب میں نہیں آ سکتا۔ عام مسافروں یا تاجروں کو شہر میں آنے جانے کی اجازت دینا بھی ملکی مفاد یا عوام کی شہری آزادی کی بنا پر نہیں بلکہ خود اپنے نفع کی خاطر ہے۔ اس کے بالمقابل خاص خاص اور ممتاز اور نمایاں حضرات مثلاً شجاع الملک اور ولایتی بیگم ان کی اجازت کے بغیر اس ملک میں داخل نہیں ہو سکتے۔ دہلی سے کلکتہ تک انہی کی عملداری ہے۔ بیشک کچھ دائیں بائیں مثلاً حیدر آباد لکھنو۔ رام پور میں چونکہ وہاں کے فرماں رواؤں نے اطاعت قبول کر لی ہے براہ راست) نصاریٰ کے احکام جاری نہیں ہوتے۔ شاہ عبد العزیز صاحبؒ نے ہندوستان کو ''دار الحرب'' قرار دے کر، غیر ملکی اقتدار کے خلاف سب سے پہلا اور سب سے زیادہ موثر قدم اُٹھایا تھا۔ اس فتوے کی اہمیت کو وہ لوگ سمجھ سکتے ہیں جو ''دار الحرب'' کے صحیح مفہوم کے ساتھ ساتھ ہندوستان کی سیاست پر خاندان ولی اللہی کے اثرات کا بھی صحیح علم رکھتے ہوں۔ سید احمد شہیدؒ مولانا

اسمٰعیل شہیدؒ وغیرہ نے اپنے سیاسی فکر میں انگریزی اقتدار کو جو درجہ دیا تھا اُس کی بنیاد یہی فتویٰ تھا سید احمد شہیدؒ کی تحریک جس کو مصلحتاً بعض ممتاز اشخاص نے سکھوں کے خلاف تحریک کا رنگ دے دیا تھا، حقیقتاً انگریزوں ہی کے خلاف سب سے زیادہ منظم کوشش تھی۔ اُن کا مقصد اولیں یہی تھا کہ انگریزوں کو ہندوستان سے نکال دیا جائے۔ اس مقصد کے حصول کے لیے ایسے مقام پر طاقت کا استحکام ضروری تھا جہاں سے انگریزوں کے خلاف جنگ کی تنظیم کرنے میں مدد ملے۔ اگر سرحد اور پنجاب میں وہ اپنی طاقت کے استحکام میں کامیاب ہو جاتے تو ہندوستان میں برطانوی سامراج کے قدم اتنی آسانی سے نہیں جم سکتے تھے۔ ان کی تحریک کی نوعیت اور اُن کے مقاصد کا اندازہ اس خط سے لگایا جا سکتا ہے جو انہوں نے راجہ ہندو راؤ کو لکھا تھا:

"جناب کو خوب معلوم ہے کہ پردیسی سمندر پار کے رہنے والے دنیا جہان کے تاجدار اور یہ سودا بیچنے والے سلطنت کے مالک بن گئے ہیں بڑے بڑے امیروں کی امارت اور بڑے بڑے اہل حکومت کی

حکومت اور ان کی عزت و حرمت کو انھوں نے خاک میں ملا دیا ہے جو حکومت و سیاست کے مرد میدان تھے وہ ہاتھ پر ہاتھ دھرے بیٹھے ہیں اس لئے مجبوراً چند غریب و بے سر و سامان کمر ہمت باندھ کر کھڑے ہو گئے اور محض اللہ کے دین کی خدمت کے لیے اپنے گھروں سے نکل آئے۔ یہ اللہ کے بندی ہرگز دنیا دار اور جاہ طلب نہیں ہیں محض اللہ کے دین کی خدمت کے لئے اٹھے ہیں مال و دولت کی ان کو ذرہ برابر طمع نہیں۔ جس وقت ہندوستان ان غیر ملکیوں سے خالی ہو گا اور ہماری کوششیں بار آور ہو گئیں حکومت کے عہدے اور منصب ان لوگوں کو ملیں گے جن کو ان کی طلب ہو گی۔

سید صاحب کے عزیز ترین مرید اور دست راست مولانا شاہ محمد اسمعیل شہیدؒ نے اُن کی سیاسی فکر کو منصب اِمامت میں اور زیادہ واضح طور پر پیش کیا ہے اور بتایا ہے کہ ملوکیت سب سے بڑی لعنت ہے۔

سلاطین و ملوک کا ذکر کرتے ہوئے فرماتے ہیں :

ان کو جڑ سے اکھاڑ پھینکنا، عین انتظام ہے اور ان کو فنا کر دینا عینِ اسلام ہے ہر صاحبِ اقتدار کی اطاعت کرنا حکم شریعت نہیں ہے

مسلمانوں کی تنظیمی صلاحیت عسکری قابلیت معاملہ فہمی اور تدبر کا جو کچھ بچا کچا سرمایہ رہ گیا تھا اس کو سید احمد شہیدؒ نے بہترین طریقہ پر استعمال کیا۔ وقتی طور پر ان کو ناکامی ضرور ہوئی لیکن ان کی تحریک نے سرفروشی کا جو جذبہ پیدا کردیا تھا وہ ایک عرصہ تک قلب و جگر میں شعلہ کی طرح بھڑکتا رہا۔

جلے جل کر بجھے بھی چشم صورت بیں میں پروانے
فروزاں کر گئے وہ نام لیکن شمع سوزاں کا

حقیقت یہ ہے کہ سید احمد شہیدؒ اور ان کے رفقاء کار کے خون سے آزادی کا پودا ہندوستان میں سینچا گیا۔ انگریزوں نے ان کی تحریک کی نوعیت کو خوب سمجھ لیا تھا اور وہ اس جذبہ سے بھی بے خبر نہ تھے جو جماعتِ مجاہدین کے قلب و جگر کو گرمائے ہوئے تھا۔ چنانچہ انہوں نے ایک طرف تو وہابی کا لقب دے کر اس مکتبِ خیال کے لوگوں کو ختم کیا اور دوسری طرف کوشش کرکے اس تحریک کو اس طرح پیش کیا اور کرایا جس سے متاخرین کو ایسا محسوس ہونے لگا گویا اس کا رخ محض سکھوں کی طرف تھا۔ حد یہ ہے کہ جماعت مجاہدین کے ایک

رکن مولوی محمد جعفر تھانیسری نے تواریخِ عجیبہ میں ان کے مکتوبات کو مسخ کیا اور نصاریٰ ''نکوہیدہ خصال ''کی جگہ ''سکھاں نکوہیدہ خصال ''کر دیا اور کفار فرنگ بر ہندوستان تسلط یافتہ کو ''کفار دراز مویاں کہ بر ملک پنجاب تسلط یافتہ '' میں تبدیل کر دیا۔ مولانا غلام رسول مہر نے جس کاوش سے ان تمام لفظی اور معنوی تحریفات کو بے نقاب کیا ہے اس کو اس دور کی سب سے زیادہ قابل قدر تحقیقات میں شمار کرنا چاہیے۔

سید احمد شہیدؒ نے بالاکوٹ سے کلکتہ تک اپنا نظام پھیلا دیا تھا۔ جو شخص ایک بار بھی ان کی تحریک میں شامل ہو گیا اس کا پورا خاندان عمر بھر جہاد کی تمنا کرتا رہا۔ ہزاروں انسانوں کے دل میں آزادی کی لگن پیدا ہو گئی۔

سید صاحبؒ کی تحریک نے مسلمانوں میں جو روح پھونک دی تھی اس کے مظاہرے ان کی شہادت کے بعد ایک عرصہ تک ہوتے رہے۔ جنگ بالاکوٹ کے چودہ پندرہ سال بعد سر سید احمد خان نے لکھا تھا۔

اس واقعہ (یعنی شہادت کے چودہ پندرہ برس گزرے ہیں اور یہ طریقہ

آخر الزماں میں بنیاد ڈالا ہوا آنحضرت ﷺ کا ہے اب تک اس سنت کی پیروی عباد اللہ نے ہاتھ سے نہیں دی۔ اور ہر سال مجاہدین اوطان مختلفہ سے بہ نیت جہاد اسی نواح کی طرف راہی ہوا کرتے ہیں اور اس امر نیک کا ثواب آپ کی روح مطہر کو پہنچتا رہتا ہے۔

سید صاحب کی شہادت کے بعد لوگوں میں عام طور پر یہ خیال پیدا ہو گیا تھا کہ: اللہ تعالیٰ نے ان کو موجودہ کمزور نسلوں سے اٹھا لیا ہے اور جب ہندوستان کے مسلمان یک جان ہو کر انگریز کافروں کے خلاف جہاد شروع کریں گے تو امام صاحب ظاہر ہو کر فتح کی طرف ہماری رہنمائی کریں گے۔ چنانچہ ۱۸۵۷ء کی تحریک میں عملاً حصہ لینے والے بہت سے افراد سید احمد شہید کے افکار و نظریات سے متاثر معلوم ہوتے ہیں۔ بخت خان کے متعلق ہمارا خیال ہے کہ وہ بھی جماعت مجاہدین ہی سے متعلق تھے۔ بہادر شاہ کے مقدمہ کے دوران میں ان کو وہابی العقیدہ بتایا گیا تھا۔ کوئی شخص بھی جس نے ہنٹر کی کتاب ''ہمارے ہندوستانی مسلمان'' پڑھی ہے اس سے انکار نہیں کرے گا کہ وہابی کا لفظ اس زمانہ میں سید صاحب اور ان کے ہم خیال علماء کے

لیے استعمال کیا جاتا تھا۔ اور بقول ہنٹر ''وہابی'' اور غدار ہم معنی الفاظ تھے ۔ بخت خان نے علماء سے جس نوع کے تعلقات رکھے، اس سے بھی یہی ظاہر ہوتا ہے کہ وہ سید صاحب کی تحریک سے متاثر تھے جس وقت وہ تحریک میں حصہ لینے کے لیے دہلی پہنچے تھے سو علما ان کے ہمراہ تھے۔ دوران ہنگامہ میں وہابی علماء کی ایک جماعت ٹونک سے ان کے پاس آئی تھی۔ اس کے علاوہ جے پور، بھوپال، ہانسی حصار اور آگرہ سے بھی کافی علماء کھچ کھچ کر ان کے گرد جمع ہو گئے تھے۔ ان علماء پر بخت خان کو اس قدر اعتماد تھا کہ تخلیہ کے ان مخصوص مشوروں میں جن میں سوائے ان کے اور بادشاہ کے کوئی تیسرا شخص نہ ہوتا تھا ان علماء کو شریک کر لیا جاتا تھا۔ مولوی ذکاء اللہ دہلوی کا بیان ہے کہ دہلی میں جہاد کے فتوے کو جو اہمیت اور چرچا حاصل ہوا وہ بخت خان کے دہلی آنے کے بعد ہوا۔

مولانا لیاقت علی الہ آبادی بھی اسی مکتبِ خیال کے مجاہد معلوم ہوتے ہیں۔ ان کے شائع کئے ہوئے دو اشتہارات کا مضمون ملاحظہ فرمائیے ایک ایک حرف سید صاحب کے اندازِ فکر کی ترجمانی کرتا ہوا نظر آئے

گا۔ ایک اشتہار میں تو ستائیس اشعار اس جہادیہ نظم میں سے نقل کیئے گئے ہیں جو سید صاحب کے مجاہدین میدانِ جنگ میں پڑھا کرتے تھے۔

مولانا عنایت علی صادق پوری جن کی کوششوں سے مروان میں رجمنٹ ۵۵ نے بغاوت کی تھی، سید صاحب کے خلیفہ اور جماعت مجاہدین کے سرگرم کارکن تھے۔

مولانا عبدالجلیل شہید علی گڈھیؒ جنہوں نے علی گڈھ میں فرنگی قوت سے دلیرانہ مقابلہ کیا۔ سید صاحب کے خلفاء میں سے تھے۔ ان چیدہ شخصیتوں کے علاوہ ۱۸۵۷ء کے ہنگامہ میں حصہ لینے والے اور بہت سے اشخاص سید صاحب کی جماعت یا ان کے مکتبِ خیال سے تعلق رکھتے تھے۔ اور غالباً اسی بنا پر بعض لوگوں نے ۱۸۵۷ء کے ہنگامہ کو مسلمانوں کی تحریک قرار دیا تھا۔ ہر چند کہ مجاہدین نے اس ہنگامہ میں بری سرگرمی دکھائی لیکن وہ اس کی باگ ڈور اپنے ہاتھ میں نہ لے سکے۔ اس کے دو سبب تھے، اول تو یہ کہ بالاکوٹ کی ناکامی نے کسی بڑے پیمانے پر تنظیم کا حوصلہ ختم کر دیا تھا۔ دوسرے یہ کہ تحریک مجاہدین کی مذہبی نوعیت کے باعث ہندوستان کے تمام طبقات اور مختلف

مذاہب کے لوگ ان کی قیادت پر غالباً متفق نہیں ہو سکتے تھے۔ چنانچہ انفرادی طور پر مقامی حالات کے پیش نظر اس مکتبِ خیال کے لوگوں نے بہت نمایاں حصہ لیا اور غیر ملکی تسلط کے خلاف جدوجہد میں کسی سے پیچھے نہیں رہے، لیکن تحریک کی قیادت اپنے ہاتھوں میں نہ لے سکے۔

دنیا کے بیشتر انقلاب کسی اہم حادثہ یا سانحہ سے شروع نہیں ہوئے۔ عموماً یہ ہوا ہے کہ خاموش سطح کے نیچے آتشیں مادہ جمع ہوتا رہا ہے اور پھر کسی معمولی سے واقعہ نے جو بہ حالات دیگر سطح آب پر تموج بھی پیدا نہیں کر سکتا تھا، ساری فضا میں طوفان برپا کر دیا ہے۔ فرانس اور امریکہ کے انقلابات کی ابتداء معمولی معمولی واقعات سے ہوئی۔ لیکن تھوڑی ہی مدت میں تمام بیتاب عناصر اوپر آ گئے اور ساری فضا پر چھا گئے۔ یہی صورت ۱۸۵۷ء میں پیش آئی۔ کارتوسوں کا تو صرف ایک بہانہ تھا جس نے سو سال کی بے چینی کو متحرک کر دیا، ورنہ انگریزوں کے خلاف ایک عرصہ سے جذبات میں شدید ہیجان برپا تھا۔

بعض مصنفین نے ۱۸۵۷ء کے ہنگامہ کو منظم سازش کا نتیجہ قرار دیا ہے۔ کریک روفت ولسن (Crocroft Wilson) کا یہ خیال تھا کہ ہندوستان کی چھاؤنیوں اور فوجی مقامات پر بیک وقت بغاوت کی تیاری بہت پہلے سے تھی لیکن تاریخی شواہد اس خیال کی تائید نہیں کرتے۔ ہنگامہ بالکل اتفاقیہ شروع ہوا، اور چونکہ بے چینی کے جراثیم پہلے سے ہر جگہ موجود تھے اس لیے جہاں بھی اس ہنگامہ کی خبر پہنچی وہاں آگ لگتی چلی گئی۔

بعض مورخین نے چپاتیوں کی تقسیم کو غیر ضروری اہمیت دی ہے اور اس کو اسبابِ بغاوت میں شمار کیا ہے۔ تھورن ہل (Thornhill) کے اس بیان نے کہ ویلور کی بغاوت سے قبل بھی مدراس میں چپاتیاں تقسیم ہوئی تھیں۔ اس نظریہ کو تقویت پہنچائی ہے۔ ملک بھر میں چپاتیوں کی تقسیم حیرت انگیز ضرور ہے، لیکن ۱۸۵۷ء کی تحریک کا اس سے کوئی خاص تعلق اب تک ثابت نہیں ہو سکا۔ حکیم احسن اللہ نے اپنے بیان میں بتایا تھا کہ چپاتیوں کی تقسیم پر

قلعہ معلی میں بھی سب لوگ تعجب میں پڑ گئے تھے اور کوئی ان کا مقصد نہ سمجھ سکا تھا۔

پھر ایک خیال یہ بھی ظاہر کیا گیا ہے کہ بہادرشاہ اور باغی سپاہیوں نے بیرونی طاقتوں سے سازباز کر لیا تھا۔ یہ الزام بھی ثبوت کا محتاج رہا۔ ایسا ضرور ہوا کہ ایک اعلان جو شاہ ایران کی طرف منسوب تھا جامع مسجد پر چسپاں کیا گیا تھا۔ اسکے علاوہ اور سب بیانات کی صحت مشتبہ ہے۔ مقدمہ میں کہا گیا تھا کہ بہادرشاہ نے اپنے سفیر ایران بھیجے تھے۔ لیکن یہ ثابت نہ ہو سکا۔ مکندلال نے اپنے بیان میں کہا تھا کہ مرزا سلیمان شکوہ کے پوتے مرزا حیدر وغیرہ لکھنؤ آئے تھے اور انہوں نے بہادر شاہ اور شاہ ایران کے درمیان تعلقات قائم کرانے کے سلسلہ میں گفتگو کی بھی تھی۔ بعض مورخوں نے ایران میں برطانوی سفیر مرے (Murray) کا خط نقل کیا ہے۔ جس میں اس ایک ایرانی عہدہ کا بیان نقل کیا ہے کہ شمالی ہندوستان کے والیان ریاست کو بغاوت پر آمادہ کرنے کے لیے ایران سے خطوط بھیجے گئے تھے۔ ان تمام بیانات

کے باوجود ۱۸۵۷ء کے ہنگامہ میں کسی بیرونی طاقت کی نمایاں مداخلت کا ثبوت نہیں ملتا۔

۱۸۵۷ء کی تحریک نہ کسی بیرونی طاقت کی مداخلت سے پیدا ہوئی نہ اس کے پیچھے کوئی منظم سازش تھی۔ یہ بالکل قدرتی اظہار تھا اس گہری نفرت اور بے چینی کا جو انگریزوں کے خلاف ایک عرصہ سے دلوں میں جمع ہو رہی تھی۔ سپاہیوں نے پیش قدمی اس لیے کی کہ وہ انگریزوں کے غیر منصفانہ برتاؤ سے عاجز ہو چکے تھے اور فوجی قانون کے ماتحت ہوتے ہوئے وہ زیادہ عرصہ تک ان نا انصافیوں کو برداشت بھی نہیں کر سکتے تھے۔ ۱۸۰۶ء سے جب سر جارج بارلو (Sir George Barlow) نے سپاہیوں کے تلک لگانے، داڑھی رکھنے اور صافہ باندھنے پر اعتراض کئے تھے، متواتر فوج کے ساتھ ایسا برتاؤ ہو رہا تھا جس سے ان کے جذبات میں اشتعال پیدا ہونا لازمی تھا۔ ہندوؤں میں بحری سفر کے خلاف مدتوں سے ایک نفرت چلی آتی تھی، انگریزوں نے نہ ان کے جذبات کو سمجھا نہ ان کا احترام کیا۔ ذات پات کے جذبات کو بھی اسی طرح نظر انداز کیا گیا۔ سر دار

بہادر ہدایت علی نے بتایا تھا کہ کابل میں ہندو سپاہی نہ اشنان کر سکتے تھے نہ انہیں ہندوؤں کے ہاتھ کا پکا ہوا کھانا بنتا تھا۔ علاوہ ازیں مختلف اوقات میں جو وعدے فوج سے کیے گئے تھے، ان کو نہ صرف یہ کہ پورا نہیں کیا گیا بلکہ ان کے خلاف عمل کیا گیا۔ اس سے سپاہیوں میں بددلی پھیل گئی۔ پھر ہندوستانی اور انگریز سپاہیوں کی تنخواہوں اور معیار زندگی میں زمین و آسمان کا فرق تھا۔ اور اس فرق نے وہ احساس کمتری پیدا کر دیا تھا جو نہ صرف بے چینی بلکہ ارتکابِ جرم کا ہمیشہ سب سے بڑا محرک ہوتا ہے۔

ہندوستان میں انگریزوں کی فوج ۳۱۵۵۲۰۔ اشخاص پر مشتمل تھی۔ اس پر ۹۸۰۲۲۳۵ پونڈ خرچ آتا تھا۔ اس میں سے ۵۶۶۸۱۱۰ پونڈ یورپین فوج پر خرچ ہوتا تھا اور یہ اس صورت میں جب کہ ان کی کل تعداد ۵۱۳۱۶ سے زیادہ نہ تھی ایک ہندوستانی پیادہ کو سات روپیہ ماہانہ اور سوار کو ستائیس روپیہ ماہانہ تنخواہ ملتی تھی۔ سوار کو اپنا گھوڑا رکھنا پڑتا تھا اس قلیل تنخواہ سے بھی کٹ کٹا کر بعض اوقات ایک سپاہی کو ڈیڑھ روپیہ

ماہانہ اور بعض صورتوں میں صرف چند آنوں سے زیادہ نہ ملتے تھے ان حالات میں فوجیوں کی بددلی اور بے چینی کا اندازہ کچھ مشکل نہیں ہے۔ علاوہ ازیں انگریزوں نے عیسائیت کو پھیلانے کے لیے جو حربے اور طریقے اختیار کیے تھے ان سے ہندوستانیوں میں زبردست بدگمانی پھیل گئی تھی۔ بلکہ اس کا نتیجہ یہ ہوا کہ ان کی بعض ایسی تجاویز جن کا مقصد مذہبی مداخلت سے زیادہ سماجی اصلاح تھا، وہ بھی ہدفِ ملامت بن گئیں۔ عیسائی مبلغ اسکولوں میں، بازاروں میں، شفاخانوں میں جیل خانوں میں غرض جس جگہ موقع ملتا، تبلیغ کرنے لگتے تھے۔ ان کے طریقہ کار سے معلوم ہوتا تھا کہ حکومت کی اعانت ان کو حاصل تھی۔ بعض اضلاع میں پادریوں کے ساتھ تھانے کے چپراسی جاتے تھے۔ اور یہ پادری غیر مذہب کے مقدس لوگوں کو اور مقدس مقاموں کو بہت برائی اور ہتک سے یاد کرتے تھے جس سے سننے والوں کو نہایت رنج اور دلی تکلیف پہنچتی تھی۔ گورنمنٹ اسکولوں میں انجیل کی لازمی تعلیم دی جاتی تھی۔ جیل خانوں میں قیدیوں کو عیسائیت کی طرف راغب کیا جاتا تھا۔ سر سید احمد خان نے لکھا ہے:

1857ء کی قحط سالی میں جو یتیم لڑکے عیسائی کیے گئے وہ تمام اضلاع ممالک مغربی و شمالی میں ارادۂ گورنمنٹ کے ایک نمونہ گنے جاتے تھے کہ ہندوستان کو اس طرح پُر مفلس اور محتاج کر کر اپنے مذہب میں لے آئیں گے۔ میں سچ کہتا ہوں کہ جب سر کار آنربل ایسٹ انڈیا کمپنی کوئی ملک فتح کرتی تھی ہندوستان کی رعایا کو کمال رنج ہوتا تھا۔ بعض قوانین کا صاف مقصد یہ تھا کہ عیسائیت قبول کر لینے والوں کی مدد کی جائے۔ مثلاً 1850ء کے (Ad XXI) کے مطابق مذہب تبدیل کر دینے کے بعد بھی ایک شخص موروثی جائداد میں حقدار رہتا تھا۔ ان حالات میں جب پادری ای ایڈمنڈ نے وہ خط جاری کیا جس میں کہا گیا تھا کہ "اب تمام ہندوستان میں ایک عملداری ہوگئی، تار برقی سے سب جگہ کی خبر ایک ہوگئی، ریلوے سڑک سے سب جگہ کی آمد و رفت ایک ہوگئی، مذہب بھی ایک چاہیے، اس لیے مناسب ہے کہ تم لوگ بھی عیسائی ایک مذہب ہو جاؤ" ہندوستانیوں میں ایک آگ سی لگ گئی۔ پھر انگریزوں نے بعض ریاستوں کے الحاق میں جس کھلی بے انصافی اور ظلم کو روا رکھا تھا اس سے اضطراب اور بے چینی کے شعلے ہر جگہ

بھڑکنے لگے۔ صحیح ہے کہ بعض ریاستیں، انتظامی معاملات میں کوئی خاص صلاحیت نہیں رکھتی تھیں، اور ان کو ختم کرکے انگریزوں نے حقیقتاً ایک ایسے نظام پر ضرب کاری لگائی جس کی افادیت ختم ہوچکی تھی لیکن یہ بھی ایک حقیقت ہے کہ محلات شاہی کے ساتھ ہزاروں خاندان پر ورش پاتے تھے، اور ہر ریاست کی اقتصادی زندگی میں نوابوں اور راجاؤں کو ایک خاص اہمیت حاصل ہوگئی تھی جب ان ریاستوں کا الحاق ہوا تو ہزاروں متعلقین بے سہارا رہ گئے۔ اودھ کے الحاق کے بعد انگریزوں سے نفرت جس حد کو پہنچ گئی تھی اس کے متعلق ٹریولیان کا بیان ہے کہ : سقوں نے انگریزوں کے لیے پانی بھرنا چھوڑ دیا، آیائیں اجازت لیے بغیر نوکری سے رخصت ہوگئیں، باورچی اور ہر کارے آقاؤں سے گستاخی اور بد تمیزی سے پیش آنے لگے۔

اقتصادی بدحالی اور ابتری نے انگریز کے خلاف شعلوں کی لپک کو بڑھا دیا۔ مصحفی (۱۲۴۰ھ۔ ۱۸۲۴ء) نے مدتوں پہلے کہا تھا۔
ہندوستاں کی دولت و حشمت جو کچھ کہ تھی

کافر فرنگیوں نے بتدریج کھینچ لی۔

سر سید نے بتایا ہے کہ لوگ اس قدر نادار و محتاج ہو چکے تھے کہ صرف آنہ ڈیڑھ آنے یومیہ پر فوج میں ملازمت کے لیے آمادہ ہو جاتے تھے۔ ایک طرف ریاستوں کے الحاق سے ہزار ہا ہندوستانی بے روزگار ہو گئے، اور بدحال کر دیا گیا۔ انگلستان کی تیار شدہ چیزوں کے لئیے ایک منڈی درکار تھی، اس کے لیے ہندوستان کی مقامی صنعتوں کو عمداً ختم کیا گیا۔ سر سید نے لکھا ہے۔ :

اہلِ حرفہ کا روزگار بسبب جاری اور رائج ہونے اشیائے تجارت ولایت کے بالکل جاتا رہا تھا۔ یہاں تک کہ ہندوستان میں کوئی سونے بنانے والے اور دیا سلائی بنانے والے کو بھی نہیں پوچھتا تھا۔ جو لاہوں کا تار تو بالکل ٹوٹ گیا تھا۔

۱۸۵۷ء کی تحریک مختلف منزلوں سے گزری، مختلف طبقات نے اس میں حصہ لیا اور مختلف عناصر مختلف اوقات میں بروئے کار آتے رہے۔ ان میں کچھ عناصر ترقی پسند تھے اور بعض قوتیں رجعت پسند، روساء میں رانی لکشمی بائی، نانا صاحب، ناہر سنگھ، حضرت محل، نواب

علی بہادر، نواب تفضل حسین، خان بہادر خان، نواب محمود خان، وغیرہ وہ شخصیتیں تھیں جن کے عزم، مقصد کی سچائی اور مسلسل جدو جہد سے تحریک میں جان پیدا ہوئی، بلند حوصلگی اور انفرادی صلاحیتوں میں یہ لوگ بہت سے انگریزوں سے یقیناً بدرجہا بہتر تھے صحیح ہے کہ ان میں سے بعض کو انگریزوں سے ذاتی شکایتیں بھی تھیں اور جاگیر دارانہ نظام کو قائم رکھنا چاہتے تھے، لیکن جہاں تک تحریک میں حصہ لینے اور سر گرمی دکھانے کا تعلق تھا ان کا خلوصِ نیت کسی سے کم نہ تھا۔ ملازمت پیشہ طبقہ میں تاتیا ٹوپی، عظیم اللہ خان، بخت خان، وزیر خان، وغیرہ آخری وقت تک انگریزوں سے لڑتے رہے۔ ان میں جوش عمل بھی تھا اور انتظامی صلاحیتیں بھی تھیں۔ حالات نے جہاں تک مساعدت کی انہوں نے پوری دلیری کے ساتھ غیر ملکی طاقتوں کا مقابلہ کیا۔ مسلمان علماء و مشائخ جن میں مولانا احمد شاہ حاجی امداد اللہؒ، مولانا فضل حق خیر آبادی، مولانا عبد القادر لدھیانویؒ وغیرہم شامل تھے، اپنے خلوص اور سر فروشانہ جذبات میں یقیناً بے مثال تھے۔ ان کی انگریز دشمنی میں ذاتی رنجشوں کا کوئی حصہ نہ تھا۔ ان

میں حب الوطنی کا جذبہ، غیر ملکی اقتدار سے نفرت اور انگریز کی مشنری کوششوں کا شدید رد عمل کام کر رہا تھا۔ اگر تحریک کا تجزیہ کیا جائے تو معلوم ہو گا کہ جہاں تک عوام میں بے چینی پیدا کرنے کا تعلق تھا اس کی زیادہ تر ذمہ داری ان ہی علماء پر تھی۔ مولوی احمد اللہ شاہ کے متعلق کہا جاتا ہے کہ : ان کی تقریروں میں ہزاروں آدمی ہندو اور مسلمان جمع ہو جاتے تھے۔ چنانچہ آگرہ کی تقریروں میں دس دس ہزار کا مجمع ہوتا تھا۔ ان کی ہر دل عزیزی کی یہ حالت تھی کہ پولیس نے (ایک موقع پر مجسٹریٹ کے حکم پر) انہیں گرفتار کرنے سے انکار کر دیا۔

ان مختلف طبقات کی کوششوں اور حالات کا علیحدہ علیحدہ جائزہ لینا ضروری ہے تاکہ تحریک میں ان کی شرکت کی نوعیت واضح ہو جائے۔

سب سے پہلے بہادر شاہ شاہی خاندان اور قلعہ معلیٰ کے حالات پر نظر ڈالیے یوں تو مدت سے، سلطنت شاہ عالم، از دہلی تا پالم کا نقشہ تھا۔ اور بقول شاہ ولی اللہ دہلی کی حکومت ''لعب صبیان'' بن چکی تھی، لیکن ۱۸۰۳ء میں جب لارڈ لیک کی فوجیں دہلی میں داخل ہو گئیں تو مغل

بادشاہ کی حیثیت کمپنی کے ایک ملازم سے زیادہ نہ رہی۔ انگریزوں نے بادشاہ کو ہٹانے میں عجلت سے کام نہیں لیا کیوں کہ اس کے نام کے سہارے اپنا اقتدار قائم کرنے میں مدد ملتی تھی۔ لیکن بہر نوع کوشش یہی رہی کہ بادشاہ کے اختیارات کا دائرہ اتنا محدود کر دیا جائے کہ وہ لاشے محض ہو جائے۔ بہادر شاہ ۱۸۳۷ء میں تخت پر بیٹھا۔ ۱۸۵۷ء میں اس کی عمر ۸۲ سال سے متجاوز تھی۔ نامساعد حالات، پیرانہ سالی اور ذاتی مشاغل کی نوعیت نے اس کو عضو معطل بنا دیا تھا۔ ممکن ہے کہ سر سید نے اس کی نا اہلیت ثابت کرنے میں مبالغہ سے کام لے کر یہ لکھ دیا ہو کہ : ـ

دلی کے معزول بادشاہ کا یہ حال تھا کہ اس سے کہا جاتا کہ پرستان میں جنوں کا بادشاہ آپ کا تابعدار ہے تو وہ اس کو سچ سمجھتا اور ایک چھوڑ دس فرمان لکھ دیتا، دلی کا معزول بادشاہ کہا کرتا تھا کہ میں مکھی اور مچھر بن کر اڑ جاتا ہوں اور لوگوں کی اور ملکوں کی خبر لے آتا ہوں اور اس بات کو وہ اپنے خیال میں سچ سمجھتا تھا اور درباریوں سے تصدیق چاہتا تھا اور سب تصدیق کرتے تھے۔ ایسے مالیخولیا والے آدمی

لیکن اس سے انکار نہیں کیا جا سکتا کہ بابر اور اکبر کے جانشین میں جس سیاسی بصیرت، معاملہ فہمی، تفرس اور تدبر کی ضرورت تھی، وہ اس میں نام کو نہ تھا، جہاں تک ذاتی کردار کا تعلق تھا وہ اپنے بعض پیشتروں سے بہتر تھا۔ لیکن ذاتی کردار کی یہ چند خوبیاں ایک سلطنت کا بوجھ نہیں سنبھال سکتی تھیں مذہبی معاملات میں بہادر شاہ کو خاصی دلچسپی تھی اور دوسرے مذاہب کے ساتھ رواداری سے پیش آتا تھا۔ حالانکہ سر سید نے لکھا ہے کہ ''دہلی میں ایک بڑا گروہ مولویوں اور ان کے تابعین کا ایسا تھا کہ وہ مذہب کی رو سے معزول بادشاہ دلی کو بہت برا اور بدعتی سمجھتے تھے۔ ان کا یہ عقیدہ تھا کہ دلی کی جن مسجدوں میں بادشاہ کا قبض و دخل اور اہتمام ہے ان مسجدوں میں نماز درست نہیں۔ چنانچہ وہ لوگ جامع مسجد میں بھی نماز نہیں پڑھتے تھے اور غدر سے بہت قبل کے چھپے ہوئے فتوے اس معاملہ میں موجود ہیں۔''

ادبی اعتبار سے بہادر بادشاہ کا عہد خاص اہمیت رکھتا تھا۔ اس کی ادبی دلچسپیوں سے قلعہ معلیٰ شعر و سخن کا مرکز بن گیا تھا اس کے زمانہ میں دہلی بقول اپیر ہندوستان کا ویمر تھی اور غالب یہاں کا گوئٹے تھا۔

بہادر شاہ کی زندگی جن حالات سے گزرتی تھی اس کا کچھ اندازہ احسن الاخبار وغیرہ سے لگایا جا سکتا ہے۔ بادشاہ کو یک لاکھ روپیہ ماہانہ پنشن ملتی تھی لیکن اخراجات اس سے کہیں زیادہ تھے۔ چنانچہ ہر وقت مالی پریشانی رہتی تھیں اور ساہو کاروں اور امراء سے روپیہ قرض لینا پڑتا تھا۔ میر حامد علی خان، حافظ محمد داؤد خان، لالہ زور آور چند وغیرہ سے بہادر شاہ کے روپیہ قرض لینے کا ذکر متعدد جگہ آیا ہے۔

اور وصولی کے لیے ان لوگوں کے تقاضوں سے بادشاہ کی وقعت لوگوں کی نظر میں کم ہوتی تھی اور طرح طرح کے نامناسب حالات کا سامنا کرنا پڑتا تھا۔ ایک مرتبہ نواب حامد علی خان نے عدالت دیوانی میں دعویٰ دائر کرنے کا ارادہ کیا تھا اور بہادر شاہ کو انھیں بلا کر رقم کی ادائیگی کی طرف سے اطمینان دلانا پڑا تھا۔ ان مالی پریشانیوں کے باعث اکثر قلعہ معلیٰ کی ملازمتیں فروخت کی جاتی تھیں۔ نواب حامد علی خان کو مختاری کا عہدہ اس شرط پر پیش کیا گیا تھا کہ وہ دس ہزار روپیہ نذرانہ کے طور پر پیش کریں۔

۲۶ جون ۱۸۴۶ء کے احسن الاخبار کی اطلاع ہے:

سالگ رام۔ ۔ ۔ کی عرضی نظر فیض انور سے گزری۔ اس میں مذکور تھا کہ اگر مجھے آغا حیدر ناظر کی جگہ عہدہ نظارت پر مقرر کر دیا جائے تو میں دس ہزار روپیہ نذرانہ پیش کروں گا۔ حکم ہوا کہ جب ہم آغا حیدر ناظر کا تمام روپیہ جو ہمارے ذمہ ہے ادا کریں گے تو اس کے بعد دیکھا جائے گا۔

۳۱ جولائی کو آغا حیدر کے داماد حسین مرزا کی عرضی کے جواب میں حکم شاہی ہوتا ہے : تمھیں عہدۂ نظارت سے اس وقت سرفراز کیا جا سکتا ہے جب کہ سات ، ہزار روپیہ نذرانہ پیش کرو اور مرحوم آغا حیدر کے نذرانے کے دعوے سے دست برداری لکھ دو۔

جب قلعہ معلیٰ میں ''نذرانوں'' کے نام سے رشوتوں کا بازار گرم تھا تو یہ اندازہ لگانا مشکل نہیں کہ جہاں جہاں بھی قلعہ کے اثرات پہنچے ہوں گے وہاں بد نظمی ، ابتری اور افراتفری کا کیا عالم ہو گا۔

بہادر شاہ کی کثیر اولاد تھی ، اس کی تربیت میں کوئی خاص دلچسپی نہیں لی گئی تھی۔ شہزادے ایک دوسرے سے بر سر پیکار رہتے تھے ۔ سلاطین کی کثیر تعداد قلعہ میں بھوکی مرتی تھی ۔ ان کی زبوں حالی کی درد

ناک داستانیں اخبارات میں کثرت سے درج ہیں۔ پروفیسر اسپیر نے اپنی کتاب Twilight of the Mughuls میں ان کے حالات بہ تفصیل بیان کیے ہیں جب یہ شہزادے تنخواہ میں اضافہ کا مطالبہ کرتے تھے تو کمپنی کا حکم ہوتا تھا کہ ''اگر سلاطین کا گزارہ مقررہ تنخواہ سے نہیں ہوتا تو اوقات بسری کے لیے انہیں کہیں ملازمت اختیار کرلینی چاہیے۔ مجبور ہوکر وہ قرض لیتے تھے اور بعد کو قرض خواہ عدالتی کارروائیاں کرتے تھے بیشتر شہزادے اپنے ذاتی مفاد کی خاطر بادشاہ کے مفاد کو نظر انداز کرسکتے تھے۔ ان کو آسانی سے خریدا جا سکتا تھا۔ کون کہہ سکتا ہے کہ انگریزوں کی طاقت اس قدر جلد قائم ہوجاتی اگر شہزادے اس طرح سازشوں میں گرفتار نہ ہوتے! جس خاندان میں مرزا الٰہی بخش جیسی ننگ ملک و ننگ خاندان افراد موجود ہوں اس کے مستقبل سے کس کو امید ہو سکتی ہے۔ بخت خان کو انہی شہزادوں کی ریشہ دوانیوں اور مسلسل سازشوں کے باعث نہایت ہی صبر آزما اور حوصلہ شکن حالات کا سامنا کرنا پڑا تھا۔ عبد اللطیف کے روزنامچہ سے معلوم ہوتا ہے کہ اس نے انتہائی تحمل اور بردباری سے نامساعد

حالات کا مقابلہ کیا۔ لیکن ایک موقع پر اس کا پیمانہ صبر چھلک گیا۔ بعض مصنفین نے لکھا ہے کہ آخر میں اس درجہ پریشان ہو گیا تھا کہ اس نے بادشاہ سے کہہ دیا تھا کہ اگر کوئی شہزادہ شہر کو لوٹے گا تو میں اس کی ٹانگ کٹوا دوں گا۔

۱۸۵۷ء کی تحریک میں بادشاہ اور مغلیہ خاندان کا حصہ کیا تھا؟ انہوں نے کہاں تک تحریک کو آگے بڑھانے میں مدد دی تھی؟ بہادر شاہ کے متعلق یہ تسلیم کرنے میں کوئی تامل نہیں ہونا چاہیے کہ وہ ایک انقلابی تحریک کی رہنمائی کی قطعاً صلاحیت نہ رکھتا تھا۔ اس نے ۱۸۵۷ء کی تحریک میں جو کچھ بھی حصہ لیا تھا وہ حالات کی مجبوری کی بنا پر تھا۔ کسی شورش انگیز مقصد کی بنا پر نہیں تھا۔ اس کی ملکہ زینت محل کے متعلق انگریزوں سے ساز باز کا شبہ تھا۔ شہزادے الگ سازشوں کے جال پھیلا رہے تھے۔ اور ان کی سازشوں ہی کی بنا پر بعد کو بہادر شاہ کی گرفتاری ہوئی۔ مغل شہزادوں کے ساتھ جو بھی ہمدردی پیدا ہوتی ہے وہ ان کے حسرت ناک انجام اور ہڈسن کے ظالمانہ برتاؤ کی وجہ سے ہے، ورنہ تحریک کے دوران میں ان کا طرز عمل کسی طرح بھی قابل

ستائش نہیں تھا۔ مغل شہزادوں میں اگر کوئی شخص تحریک کی اصل روح سے متاثر نظر آتا ہے وہ فیروز شاہ ہے جس کی سرگرمی جوشِ عمل اور استقامت نے تحریک کو وہ قوت بہم پہنچائی جس کے سہارے سخت سے سخت منزلیں طے کی جا سکتی تھیں۔

جہاں تک امراء کا تعلق ہے، ان میں بیشتر ایسے تھے جو ذاتی مفاد اور منفعت کی خاطر بڑے سے بڑے مفاد کو قربان کر سکتے تھے ان کو نہ ملک سے محبت تھی، نہ بہادر شاہ سے ذاتی اقتدار کو بڑھانے کی خاطر وہ دربار سے تعلق رکھتے تھے۔ سر سید نے صحیح لکھا ہے کہ لوگ ''اس کے منہ پر اس کی خوشامد کرتے تھے اور پیٹھ پیچھے ہنستے تھے'' حکیم احسن اللہ خان، نواب احمد علی خان وغیرہ جو دربار کے عمائدین میں سے تھے عوام کی نظر میں اس بنا پر معتبر نہ رہے تھے کہ دشمنوں سے مل جانے کا ان پر شبہ تھا۔ جاسوسوں کے خطوط سے پتہ چلتا ہے کہ بعض امراء نہایت ہی شرم ناک سازشوں میں مبتلا تھے۔ دربار کی ساری خبریں انگریزوں کو انہیں کے ذریعہ پہنچتی تھیں۔ بعض امراء ایسے بھی تھے جن کے پاس دولت کی فراوانی تھی، لیکن جب تحریک کے دوران میں

روپیہ کی ضرورت پڑی تو ایک امیر بھی ایسا نہ تھا جس نے روپیہ سے مدد کرنے پر آمادگی ظاہر کی ہو۔ دہلی کی فتح کے بعد جب انگریزوں نے ان امراء کے گھروں کو کھدوایا تھا تو لاکھوں روپیے کے زیورات اور جواہر برآمد ہوئے تھے۔ لیکن جب بھی بہادر شاہ یا بخت خان وغیرہ نے مصارف جنگ کے لیے ان سے روپیہ قرض طلب کیا تو انہوں نے نہ صرف اپنی بے زری کا اظہار کیا بلکہ لڑنے پر آمادہ ہو گئے۔ نواب فخر الدولہ امین الدین خان بہادر نے جس طرح ناراضگی کا اظہار کیا تھا اُس کی تفصیل عبداللطیف نے دی ہے۔ اس وقت امراء میں گو اٹھارویں صدی کی سی گروہ بندی نہیں رہی تھی، لیکن ہر شخص حصولِ مقصد کے لیے خود ایک پارٹی بنا ہوا تھا اور دوسروں کی تذلیل و تشہیر کو اپنا فرض سمجھتا تھا۔

اس وقت سب سے زیادہ صحت مند عناصر جنہوں نے تحریک میں حصہ لیا وہ تھے جنہوں نے دہلی کی مسموم فضا میں پرورش نہیں پائی تھی۔ اور یہاں کے اثرات سے کسی حد تک محفوظ رہے تھے۔ بخت خان روہیلوں کی ضرب المثل تنظیمی صلاحیتوں کا مظہر تھا اس میں

مقصد کا خلوص بھی تھا اور عسکری تنظیم کا جذبہ بھی۔ اس نے دہلی میں بد نظمی اور ابتری کو روکنے کی پوری کوشش کی۔ اگر مغل شہزادے اس کے ساتھ تعاون کر جاتے، یا آخر میں بہادر شاہ اس کے مشورہ پر عمل کر لیتا تو بہت سے واقعات کا رخ بدل جاتا۔

والیانِ ریاست میں رانی لکشمی بائی اور بیگم حضرت محل کی شخصیتیں خاص طور پر قابل ذکر ہیں۔ رانی لکشمی بائی نے مردانہ لباس پہن کر فوجوں ک قیادت کی۔ اس کی حیرت افروز شجاعت نے تحریک میں چار چاند لگا دیے او وہ آخری دم تک انگریزوں کا مقابلہ کرتی رہی۔ حضرت محل کے متعلق مولانا شرر کا بیان ہے کہ لوگ اس کی مستعدی اور نیک نفسی کی تعریف کرتے تھے۔ اودھ کی آزادی کے لیے اس نے اپنی جان کی بازی لگا دی تھی آخر وقت تک قیصر باغ میں بیٹھی تحریک کی تنظیم کرتی رہی۔ جب پانی سر سے اونچا ہو گیا تو قیصر باغ کو چھوڑ کر نیپال کا رخ کیا۔'

روہیلہ سرداروں میں خان بہادر خان اور نواب محمود خان نے بھی بڑی جوانمردی سے تحریک میں حصہ لیا۔ ۱۸۵۷ء میں خان بہادر خان کی عمر

ستر سال سے زیادہ تھی۔ انھوں نے بریلی کا نظم و نسق اپنے ہاتھ میں لیا اور انگریزوں کے خلاف اپنی طاقت کا استحکام کیا۔ محمود خان نے ضلع بجنور میں انگریزوں کا مقابلہ کیا، اور بجنور، دھام پور، نگینہ اور آدم ور پر قبضہ کر لیا۔ بہادر شاہ نے ان کو امیر الدولہ، ضیاء الملک مظفر جنگ کے خطابات دیے تھے۔ اور ان کی خدمات کو سراہا تھا، اول الذکر کو بریلی میں پھانسی دی گئی اور موخر الذکر کو حبس دوام بہ عبور دریائے شور کی سزا ملی، لیکن ابھی انڈیمان کو روانہ ہوئے تھے کہ قید حیات ہی سے رہا ہو گئے۔

دہلی کی ایجنسی کے ماتحت سات ریاستیں تھیں۔ : جھجر، فرخ نگر، بلبھ گڑھ، بہادر گڑھ، دوجانہ، پاتودی اور لوہارو، ان ریاستوں نے اپنے حالات اور مصلحتوں کے ماتحت تحریک میں حصہ لیا اور دہلی کی حکومت سے تعلقات قائم کر لیے۔ نواب عبد الرحمن خان والی جھجر اور اس کے خسر عبد الصمد خان نے کافی سرگرمی دکھائی۔ عبد الصمد خان نے انگریزوں کے خلاف جہاد کا فیصلہ کیا تھا اور برابر انگریزوں سے لڑتا رہا۔ راجہ ناہر سنگھ والی بلبھ گڑھ نے بہادر شاہ کے ساتھ تعاون کیا تھا اور

برابر دربار سے خط و کتابت رہتی تھی، ۱۸۵۷ء کے ہنگامہ کے بعد انگریزوں نے جھجر، فرخ نگر، بلبھ گڑھ کی ریاستیں ضبط کرلیں اوران کے والیوں کو پھانسی کی سزا دے دی۔ غالب ایک خط میں علاء الدین احمد خان علائی کو لکھتے ہیں۔

''قصہ کوتاہ قلعہ اور جھجر اور بہادر گڑھ اور بلب گڑھ اور فرخ نگر کم و بیش تیس لاکھ روپیے کی ریاستیں مٹ گئیں۔ شہر کی عمارتیں خاک میں مل گئیں۔ ہنرمند آدمی یہاں کیوں پایا جائے۔''

۱۸۵۷ء کی تحریک کا ایک خاص پہلو یہ ہے کہ ہندو اور مسلمان دونوں نے دوش بدوش یہ جنگ لڑی تھی۔ اور ہندو مسلم سوال کسی نوعیت اور کسی شکل میں بھی لوگوں کے سامنے نہیں تھا۔ محض یہ واقعہ کہ تحریک کے آغاز میں ہی ہندو اور مسلمان سب کی نظریں بہادر شاہ کی طرف اٹھ گئیں تھیں۔ تحریک کی ہمہ گیر نوعیت کی طرف اشارہ کرتا ہے۔ بہادر شاہ کی ذاتی نااہلیت تسلیم لیکن اس کی حیثیت ایک علامت اور ایک نشانی کی تھی۔ وہ ڈوبتا ہوا سورج سہی لیکن وہ ایک ایسی صبح کی شام تھا جس میں ہندوستان نے اپنے سیاسی وقار اور تمدنی عظمت کے

نادر جلوے دیکھے تھے۔ یہی وجہ تھی کہ تمام وہ طاقتیں تک جو کچھ عرصہ سے سلطنت مغلیہ کے مدمقابل آگئی تھیں۔ بہادر شاہ کے گرد جمع ہوگئیں۔ مرہٹے ایک مدت سے مغلوں سے برسر پیکار تھے، لیکن ۱۸۵۷ء میں پیشوا نے بہادر شاہ کو تسلیم کرنے میں مطلقاً کوئی عذر نہیں کیا۔ نانا صاحب کے خاص مشیروں میں عظیم اللہ خان رہا۔ رانی جھانسی نے مسلمان توپچی ملازم رکھے۔ احمد اللہ شاہ نے ہندو اور مسلمان دونوں کے مشترکہ اجتماعات میں تقریریں کیں۔ بہادر شاہ نے بعض نہایت اہم کام مثلاً ٹکسال کی نگرانی، پولیس کا کام ہندوؤں کے سپرد کیا اور انہوں نے بادشاہ کے ساتھ پورا تعاون کیا۔

ہندوؤں اور مسلمانوں کے اس اتحاد عمل سے انگریزوں کو بڑی تشویش پیدا ہوگئی تھی انہیں اپنی ناکامی کے آثار اگر کسی چیز میں نظر آتے تھے تو وہ صرف ہندوستان کے مختلف طبقوں اور مذاہب کے لوگوں میں اشتراک عمل اور اتحاد میں، غیر متحد ہندوستان توریت کی دیوار کی طرح گرایا جا سکتا تھا، لیکن متحدہ ہندوستان انگریزوں کے لیے کوہ گراں کی مانند تھا۔ چنانچہ تحریک کے دوران میں پوری کوشش کی

گئی کہ کسی طرح اس اتحاد کو ختم کیا جائے۔ تحریک کے بعد تو انگریز کی حکمتِ عملی کی ساری عمارت اسی پر تعمیر ہوئی تھی کہ ''لڑاؤ اور حکومت کرو'' ہنگامہ کے دوران میں بقر عید آئی اور انگریزوں نے اس موقع کو ہندوؤں اور مسلمانوں کو لڑانے کے لیے استعمال کرنے کی کوشش کی۔ تعجب کی بات ہے کہ اس سازش کے جال اس طرح پھیلائے گئے کہ مولانا احمد سعید مجددیؒ جو بڑے نیک دل، عالی حوصلہ اور مرنجاں مرنج شیخ وقت تھے، اس سازش سے غیر محسوس طریقہ پر متاثر ہو گئے بہادر شاہ نے جب ان کو مفتی صدر الدین آزردہ کے ذریعہ صورت حال سے آگاہ کیا تو وہ فوراً اپنی ضمنی تحریک سے دست کش ہو گئے۔ بریلی میں خان بہادر خان اور وہاں کے ہندو زمینداروں میں نفاق ڈالنے کے لیے بھی یہی تدبیر اختیار کی گئی لیکن کامیاب نہ ہو سکی۔ اس سلسلہ میں مندرجہ ذیل خط مطالعہ کے قابل ہے :

''من جانب جارج کوپر صاحب سیکریٹری چیف کمشنر اودھ

بخدمت جی ایف ایڈمنسٹن صاحب سیکریٹری حکومت ہند لکھنؤ، یکم دسمبر ۱۸۵۷ء

جناب عالی:

یہ سلسلہ مکتوب چیف کمشنر گورنر جنرل بہادر مورخہ ۱۴ ستمبر جس میں انہوں نے پچاس ہزار روپیے کی رقم بریلی کی ہندو آبادی کو مسلمان باغیوں کے خلاف آمادۂ پیکار کرنے پر صرف کرنے کی اجازت دی ہے مجھے کپتان گوں کے خط مورخہ ۱۴ کا اقتباس پیش کرنے کی ہدایت کی گئی ہے۔ جس سے حضور والا کی یہ علم ہو گا کہ یہ کوشش ناکام رہی اور اس کو ترک کر دیا گیا اور اس پر کوئی رقم صرف نہیں ہوئی۔

آپ کا خادم

جارج کوپر

سیکریٹری چیف کمشنر۔ عالم باغ کیمپ یکم دسمبر ۱۸۵۷ء

پھر سکھوں کو بہادر شاہ سے بدظن کرنے کے لیے لارنس نے پنجاب میں یہ شہرت دی کہ بہادر شاہ کی طرف سے اعلان کرایا گیا ہے کہ جو شخص بھی ایک سکھ کا سر کاٹ کر لائے گا اس کو پانچ روپیہ انعام دیا جائے گا۔ عبد اللطیف نے بتایا ہے کہ سکھوں کا ایک وفد اس سلسلہ

میں بہادر شاہ سے آ کر ملا اور اس بات کی شکایت کی۔ بہادر شاہ نے جواب دیا :

''ازماجزمہربانی نیایدو نظر عاطفت براہل ہر کیش باید''

۱۸۵۷ء کے ہنگامہ کے بعد انگریزوں نے ہندوؤں اور مسلمانوں کے تعلقات خراب کرانے کے لیے منظم کوششیں شروع کر دیں۔ اور سیاست، سماج، زبان اور ادب کا کوئی گوشہ ایسا نہ چھوڑا جہاں یہ زہر نہ پھیلایا گیا ہو۔ سر ہنری ایل نے (جس کی تاریخ ہند کی آٹھ جلدیں گزشتہ پچھتر سال سے ہماری ساری چھوٹی بڑی تاریخوں کا ماحذ رہی ہیں۔) حکومت کو لکھا کہ اگر اس کی مرتب کی ہوئی تاریخ ہند شائع کر دی گئی تو ہندوستان میں ساری قومی تحریکیں خود بخود سرد پڑ جائیں گی۔ چنانچہ ہندو مسلم اختلافات کو تا حد طوفان پہنچانے کے لیے یہ کتاب شائع کر دی گئی۔

۱۸۵۷ء کی تحریک کی ناکامی کے مختلف اسباب کی بنا پر ہوئی جہاں تک انفرادی اور شخصی صلاحیتوں کا تعلق تھا، ہندوستان میں شجاعت و تہور کی کوئی کمی نہ تھی۔ رانی لکشمی بائی، بخت خان، حضرت محل، تاتیا

ٹوپی، خان بہادر خان، احمد اللہ شاہ، کنور سنگھ وغیرہ برطانوی نمائندوں کیننگ، لارنس، روز، نکلسن، اور ٹرم وغیرہ۔ کسی حیثیت سے کم نہ تھے۔ لیکن ایک فرق بہت بڑا تھا۔ ہندوستان میں یہ صلاحیتیں منتشر اور متفرق طور پر کام کر رہی تھیں۔ اور انگریزوں میں وہ سب متحدہ مقصد کی چاکری میں لگا دی گئی تھیں ہندوستانی سپاہیوں میں مقصد کا اتحاد بالکل مفقود تھا۔ مختلف طبقات مختلف مقاصد کے لیے لڑ رہے تھے۔ برخلاف اس کے ہر برطانوی سپاہی صرف، ملکہ معظمہ، کے لیے لڑ رہا تھا۔ ان کے مقاصد ایک تھے اور طریقۂ کار میں بھی زیادہ فرق نہ تھا۔

ہندوستان کی ایک بڑی بد نصیبی یہ تھی کہ پوری تحریک کو کسی ایک مرکزی تنظیم کے ماتحت نہ لایا جا سکا۔ مقامی اور انفرادی کوششوں نے ملک میں ابتری تو پیدا کر دی لیکن اس ابتری کو غیر ملکی اقتدار کے خلاف ایک منظم کوشش کے طور پر استعمال کرنا ممکن نہ ہوا۔ چار ماہ کی مدت میں دہلی میں کوئی ایسا نظام ترتیب نہ دیا جا سکا جو ایک کل ہند نظام کو اپنے اندر جذب کر لینے میں کامیاب ہو جاتا۔

اس بد نظمی کا ایک بڑا سبب یہ تھا کہ تقریباً دو صدیوں سے ملک میں انتشار و ابتری کا دور دورہ تھا۔ جاٹ گردی، مرہٹہ گردی، نادر گردی، اور نہ معلوم کن کن آفتوں نے سماجی زندگی کا توازن بگاڑ کر سیاسی نظام کی بنیادوں کو کھوکھلا کر دیا تھا۔ انگریزوں کے مقابلہ کے لیے جس اعلیٰ ضبط و نظم کی ضرورت تھی اس کا دور دور تک پتہ نہ تھا۔ جماعت مجاہدین کے ایک رکن محمد اسمعیل خان کہا کرتے تھے کہ ''ہنگامہ میں حصہ لینے والوں کی حیثیت ایک غیر منظم بھیڑ کی سی تھی۔ کہیں کوئی افواہ اڑتی تو لوگ سراسیمہ وار بھاگنے لگتے۔ پھر سرداروں میں سخت رقابت تھی۔ ہر سردار کی کوشش یہ تھی کہ دوسرے کو گرا کر خود آگے بڑھ جائے خصوصاً پوربیوں کی بد لگامی حد سے بڑھی ہوئی تھی ابتدائی دور کی معمولی وقتی کامیابیوں نے ان میں سے اس درجہ غرور پیدا کر دیا تھا کہ کہتے تھے : جہ کے موڑ پر پنہی رکھ دیے وہی بادشاہ ہو جیے (یعنی جس کے سر پر جوتا رکھ دیں گے وہی بادشاہ ہو جائے گا۔

پھر اقتصادی اعتبار سے بھی یہ حقیقت فراموش نہیں کی جا سکتی کہ ہندوستانی سپاہی جو بہادر شاہ کے گرد جمع ہو گئے تھے، انہیں سخت

ترین مالی دشواریاں پیش آ رہی تھیں۔ آئے دن فوج کی ضروری اخراجات کے لیے روپیہ قرض لینے کی ضرورت پڑتی تھی ایسی صورت میں کوئی فوج بھی بے فکری کے ساتھ کام نہیں کر سکتی تھی، منشی جیون لال نے اپنے روزنامچہ میں بہادر شاہ اور مولوی فضل حق کی گفتگو نقل کی ہے۔ بہادر شاہ نے جب مولوی صاحب کو حکم دیا کہ : اپنی افواج کو لڑانے کے لیے لے جاؤ اور انگریزوں کے خلاف لڑاؤ تو انہوں نے کہا : افسوس تو اسی بات کا ہے کہ سپاہی ان کا کہا نہیں مانتے جوان کی تنخواہ دینے کے ذمہ دار نہیں ہیں۔

علاوہ ازیں انگریزوں کے ہاتھ میں وہ علاقے تھے جو معاشی اعتبار سے سب سے زیادہ خوشحال تھے۔ اور جن کو ہندوستان کی اقتصادی شہ رگ کہا جا سکتا تھا۔ شمالی ہندوستان کے وہ علاقے جہاں انگریزوں کے خلاف جذبات سب سے زیادہ شدید تھے وہ تھے جہاں کے معاشی حالات ابتر ہو چکے تھے۔ مسلسل سیاسی بدنظمی، بیرونی حملوں اور اندرونی سازشوں نے ان علاقوں کو اتنا بے جان کر دیا تھا کہ وہ کسی جنگ کے مصارف کو برداشت ہی نہیں کر سکتے تھے۔

ناکامی کے اور بہت سے اسباب کی بھی نشان دہی کی جا سکتی ہے لیکن اس تمام تجزیہ کے باوجود اس حقیقت کو نظر انداز نہیں کرنا چاہیے کہ اگر ۱۸۵۷ء کا ہندوستان وقتی طور پر انگریزوں کے خلاف کامیاب بھی ہو جاتا تو اپنی آزادی کو برقرار نہیں رکھ سکتا تھا۔ انقلاب اور سائنس کی نئی ایجادات نے انسانی زندگی کو بالکل بدل دیا تھا لیکن ہندوستانی ابھی تک قدیم طرز تمدن کا خستہ لبادہ اوڑھے بیٹھے تھے اور قدامت پسندی نے ان کے قدموں کو جکڑ لیا تھا ایسی صورت میں ۱۸۵۷ء کی تحریک کی کامیابی غلامی زنجیروں کو صرف ڈھیلا کر سکتی تھی توڑ نہیں سکتی تھی۔

فتح دہلی کے بعد انگریزوں نے سارے ملک کو انتقامی آگ کے شعلوں میں ڈال دیا۔ اور قتل و غارت گری کا وہ ہنگامہ برپا کیا جس کی مثال انیسویں صدی کی تاریخ میں تلاش سے بھی نہیں ملتی۔ ہزاروں معصوم اور بے گناہ انسان اس ظلم اور بربریت کا شکار ہو گئے۔

شمالی ہندوستان میں بے شمار گاؤں ایسے تھے جہاں درختوں سے لٹکی ہوئی نعشوں کے گرد کوے اور چیلیں منڈلاتی ہوئی نظر آتی تھیں۔

بازاروں کا عالم یہ تھا کہ :

گھروں سے کھینچ کے کشتیوں پہ کشتی ڈالتے ہیں
نہ گور ہے نہ کفن ہے نہ رونے والے ہیں

یوں تو ہندو اور مسلمان کوئی بھی انگریزکی چیرہ دستی سے نہ بچ سکا، لیکن مسلمانوں پر خاص طور سے عتاب نازل ہوا۔ اس کا بڑا سبب یہ تھا کہ عام طور پر یہ خیال کیا جاتا تھا کہ پورا ہنگامہ صرف مسلمانوں کا پیدا کیا ہوا تھا۔ چنانچہ ہزاروں مسلمان معمولی معمولی شبہات پر تہ تیغ کر دیئے گئے۔ ہزاروں مسلمان گھرانے نانِ شبینہ کو محتاج ہو گئے اور سینکڑوں شریف خاندان بے کس اور مفلسی کے عالم میں دربدر مارے پھرنے لگے۔ سر سید جنھوں نے اس موج خون کو مسلمانوں کے سر سے گزرتا ہوا دیکھا تھا، لکھتے ہیں :

''میں اس وقت ہرگز نہیں سمجھا تھا کہ قوم پھر پنپے گی اور کچھ عزت پائے گی اور جو حال اس وقت قوم کا تھا وہ مجھ سے دیکھا نہیں جاتا تھا۔ چند روز میں اسی خیال اور اسی غم میں رہا۔ آپ یقین کیجئے کہ اس غم نے مجھے بڈھا کر دیا اور میرے بال سفید کر دیے''

سب سے زیادہ عبرت ناک دہلی کی تباہی تھی ۔ وہ صرف ایک ہنگامی تحریک کا ہی مرکز نہ تھی، بلکہ ایک تمدن کی آخری نشانی تھی وہاں کی ہر ایک چیز اپنی تاریخ رکھتی تھی ۔ انگریزوں نے اس کی تباہی و بربادی میں کوئی کسر اٹھا کر نہ رکھی ۔ چوک سعد اللہ خان، اردو بازار، خانم کا بازار، بلاقی بیگم کا کوچہ، خان دوراں کی حویلی، دریا گنج کی گھاٹی، گلیوں کا بازار، پنجابی کٹرا، دھوبی کٹرا، رام گنج، سعادت خان کا کٹرا، رام جی داس گودام والے کے مکانات، کے علاوہ شاہی درس گاہ، دار البقاء، اکبر آبادی مسجد، اورنگ آبادی مسجد، چوبی، مسجد کو اس طرح مسمار کیا کہ نام و نشاں تک باقی نہ چھوڑا۔ غالب نے اسی زمانہ میں ایک خط میں لکھا تھا :

مسجد جامع سے راج گھاٹ دروازہ تک بے مبالغہ صحرا لق و دق ہے ۔
اینٹوں کے جو ڈھیر پڑے ہیں وہ اگر اٹھ جائیں وہو کا مکان ہو جائے ۔

انگریزوں نے جس سفاکی اور بے دردی کے ساتھ خون بہایا تھا اس سے دلوں پر خوف وہ راس طاری ہو گیا اور کسی کو اس قیامتِ صغریٰ کی داستان مرتب کرنے کی جرأت نہ ہوئی ۔ لیکن غم جب حد سے بڑھ

جاتا ہے تو، سرائیں شیشہ فروبند، پر عمل نہیں ہو سکتا۔ کچھ لوگوں نے مذہبی عنوانات پر لکھ کر اپنے غم کو بھلانے کی کوشش کی، کچھ لوگوں نے گل و بلبل کی زبان سے آہ و زاری کی، کچھ لوگوں نے زیادہ جرأت سے کام لیا تو ڈائریاں اور روزنامچے مرتب کر دیے لیکن انگریز کے جبر و تشدد سے خوف کی جو اَنمٹ کیفیت پیدا ہو گئی تھی اس کے آثار یہاں بھی نمایاں رہے اور تحریک کے جرأت مندانہ تجزیہ کی ہمت تو کیا، اپنے جذبات کے اظہار تک کی جرأت نہ ہوئی۔ حقیقت یہ ہے کہ اس دور کی شاعری ہو یا مذہبی تصانیف، تاریخی کتابیں ہوں یا تذکرے، قنوطیت اور ذہنی مرعوبیت کی گہری گھٹائیں چھائی ہوئی نظر آتی ہیں۔ بخت خان کو جو اس تحریک کی سب سے زیادہ ممتاز شخصیتوں میں تھا، کسی تذکرہ نویس نے، بد بخت، کہا ہے کسی نے کمبخت، اور کسی نے گھس کھدا، داستانِ غدر میں بخت خان کی یہ تصویر :

دیکھتا کیا ہوں کہ ایک پوربیا فربہ اندام، پستہ قد، ادھیڑ، سر پر ایک انگوچھا لپٹا ہوا، چندیا کھلی، عقب حمام کے چبوترہ کی طرف سے دربار میں آیا اور بادشاہ کو سلام کر کے پاس چلا آیا۔ میرے بہنوئی نے روکا

بھی کہ ہیں ہیں کہاں چلے آتے ہو، مگر وہ کب سنتا تھا۔ پاس آ کر بادشاہ کا ہاتھ پکڑ کر کہنے لگا۔ سنو بڑھو ہم نے تمہیں بادشاہ کیا۔ یہ بات سن کر مجھے تاب نہ رہی اور مارے غصہ کے کانپنے لگا۔ اور ہاتھ زور سے اس کے سینہ پر رکھ کر دھکا دیا اور کہا کہ او بے ادب، بے تمیز بادشاہوں کے دربار میں اس طرح گستاخی کرتے ہیں۔ وہ اس دھکا دینے سے دو تین قدم پیچھے ہٹ گیا اور گرتے گرتے سنبھلا اور اس نے تلوار کے قبضہ پر ہاتھ ڈالا، میں نے بھی تلوار کھینچ لی۔ مجھے کیا معلوم تھا کہ وہ بدبخت جرنیل بخت خان یہی ہے۔

جس ذہنی مرعوبیت کی آئینہ دار ہے اس نے اس دور کے بیشتر تذکروں کی تاریخی اہمیت اور افادیت کو کم کر دیا ہے اور حقیقی جذبات، وقتی مصلحتوں کے بوجھ میں اس طرح دب گئے ہیں کہ ان میں ''کافور و کفن، کی بو تو سونگھی جا سکتی ہے لیکن دل کی بے چین دھڑکنیں نہیں سنی جا سکتیں۔''

معاصر تذکروں اور سالوں میں سر سید کا رسالہ اسباب بغاوت ہند، غالب کا دس سبق، اور معین الدین اور منشی جیون لال کے روزنامچے اور ظہیر الدین کی کتاب داستان غدر خاص طور پر قابل ذکر ہیں۔

سر سیدؒ نے جس وقت اپنا رسالہ لکھا تھا اس وقت غدر کے اسباب کے تجزیہ کا تو ذکر کیا اس کے واقعات کے متعلق بھی کسی کو لکھنے کی ہمت نہ ہوتی تھی۔ سر سید نے وقت کی تمام مصلحتوں کو یہ جواب دے کر: اس موضوع پر قلم اٹھا لیا۔ سر سید نے ہنگامہ کے زمانہ میں انگریزوں کی بہت ہمدردی کی تھی اس لیے ان پر باغی ہونے کا الزام لگانا تو آسان نہ تھا، لیکن پھر بھی انگلستان کے بعض حلقوں میں ان کی اس کوشش کو اچھا نہیں سمجھا گیا۔ انگریزوں پر اس وقت انتقام کا خون ایسا سوار تھا کہ وہ کسی عنوان ایک ہندوستانی سے ہنگامہ کے اسباب و علل کے متعلق سننے پر آمادہ نہ تھے۔ سر سید نے نہایت صفائی لیکن انتہائی تدبر سے یہ رسالہ ترتیب دیا اور بعض نہایت ہی تلخ حقیقتوں کو اپنی انگریز دوستی کا سہارا لے کر پیش کر دیا۔ حقیقت یہ ہے کہ کسی ہندوستانی نے اس گہرائی اور محنت سے تحریک کا جائزہ نہیں لیا۔

انہوں نے تصویر کے کتنے ہی رخ بے نقاب کیے ہیں اور بڑی جرأت کے ساتھ اسباب غدر کی طرف توجہ دلائی ہے۔

غالب کے دستنبو میں ذہنی مرعوبیت اور خوشامد کا پہلو غالب ہے۔ گہری نظر سے دیکھا جائے تو معلوم ہو گا کہ سکہ کے اشعار لکھنے اور دربار بہادر شاہی میں حاضری کا داغ دھونے کی خواہش اس کی محرک ہے۔ ان کے خطوط میں ہنگامے سے متعلق حقیقی جذبات ملتے ہیں اور بعض میں یقیناً سوز دل کی بو آتی ہے لیکن دستنبو میں وہ انگریز کی زبان سے بولے ہیں اور مصلحت کے قلم سے انہوں نے لکھا ہے۔

***

مولانا ابوالکلام آزاد

1857۔ کئی فسانے۔۔۔ایک حقیقت

(ایس این سین کی کتاب اٹھارہ سوستاون (1857) پہلی جنگ آزادی کی صد سالہ برسی کے موقع پر شائع ہوئی تھی۔ یہ کتاب حکومتِ ہند کی ایما پر لکھی گئی تھی۔ مولانا ابو الکلام آزاد نے جو اس وقت وزیر تعلیم تھے اس کتاب کا مقدمہ تحریر کیا تھا۔ یہ مقدمہ (1857) کی جدوجہد کا ایک اہم جز ہے)

آج سے تقریباً پانچ سال قبل انڈین ہسٹاریکل ریکارڈس کمیشن (Indian Historical Records commission) کے سالانہ اجلاس میں، میں نے 1857 کی جسے عام طور پر سپاہیوں کی بغاوت کا نام دیا جاتا ہے، کی ازسرِ نو تاریخ لکھے جانے پر زور دیا تھا۔ اگر ہم ان میں سے صرف مشہور تاریخ دانوں کی کتابوں کو ہی لیں تو ان کی تعداد بھی کافی زیادہ ہے۔ اس کے باوجود مجھے محسوس ہوا کہ ابھی تک اس عظیم جدوجہد کی کوئی معروضی تاریخ نہیں لکھی گئی ہے۔ جتنی بھی کتابیں لکھی گئی ہیں وہ سب انگریزوں کے نقطہ نگاہ کو سامنے رکھ کر لکھی گئی ہیں۔

ایک عرصے تک اس عظیم جد وجہد کی مقصدیت کو لے کر پورے ہندوستان میں اور باہر بھی عجیب طرح کا تنازعہ بنا رہا۔ اس موضوع پر جتنی بھی کتابیں لکھی گئی ہیں ان سب میں اسے قانون کے مطابق ہی اس وقت کی حکومت کے خلاف ہندوستانی فوج کی بغاوت کا نام دیا گیا ہے۔ انہوں نے یہ تو مانا کہ کچھ ہندوستانی رجواڑوں نے بھی بغاوت کا ساتھ دیا لیکن یہ ایسی حکومتیں تھیں جنہیں لارڈ ڈلہوزی کے ذریعہ قبضہ کیے جانے کی وجہ سے شکایتیں پیدا ہو گئی تھیں۔ ایسے مورخین کا کہنا ہے کہ برٹش حکومت جو اس وقت ملکہ کی قانونی اور جائز حکومت تھی، اس نے بغاوت کو فرو کر دیا اور دوبارہ قانون کی حکومت قائم کر دی۔ اس موضوع پر جتنی بھی کتابیں لکھی گئی ہیں ان سب میں 1857 کے واقعات کو اسی طریقے سے بیان کیا گیا ہے اور اسے کسی دوسرے نقطہ نگاہ سے سمجھنے کی کوشش نہیں کی گئی ہے۔ تاہم یہاں یہ بتانا ضروری ہے کہ ایسٹ انڈیا کمپنی کا جائز حق صرف اتنا ہی تھا کہ وہ مغل شہنشاہ کے دیوان یا ایجنٹ کی حیثیت سے بنگال، بہادر اور اڑیسہ کی مال گزاری وصول کرے۔ اس کے بعد سے کمپنی نے جن علاقوں کو

حاصل کیا وہ فوج کی فتح کی وجہ سے، لیکن کہیں بھی کمپنی نے شہنشاہ کی ملکیت اور علاقائیت کے اختیار کو چیلنج نہیں کیا اور جب فوج نے کمپنی کے ان حقوق کو ماننے سے انکار کر دیا تو اس نے شہنشاہ سے اس بات کے لیے اپیل کی۔ اس لیے یہ بحث کا موضوع بن سکتا ہے کہ کیا ہندوستانی افواج کی بغاوت کو ملک کی مستحکم حکومت کے خلاف بغاوت یا غداری کا نام دیا جا سکتا ہے؟ یہ بھی بتانا ضروری ہے کہ جہاں زیادہ تر مصنفین نے ہندوستانی عوام اور خواص کے ذریعہ یوروپین مرد عورت اور بچوں پر کیئے گئے مظالم کو بہت تفصیل سے بیان کیا ہے، وہاں بہت کم لوگوں نے اتنی ہی تفصیل سے ہندوستانیوں پر کیے گئے انگریزوں کے مظالم کو بیان کیا ہے۔ میرا اپنا خیال ہے کہ بیسویں صدی کی ابتداء میں اس بغاوت کے سلسلہ میں تین جلدوں پر مشتمل جو تاریخ لکھی گئی، اس کا ذکر ضروری ہے۔ یہ تاریخ بھی مکمل طور پر انہیں دستاویزوں پر مشتمل ہے جو امپیریل ریکارڈس ڈیپارٹمنٹ کے آرکائیوز میں موجود تھی اور جسے اب نیشنل آرکائیوز آف انڈیا کا نام دیا گیا ہے اور یہ ایک عام بات ہو گئی ہے کہ

پچاس سال کے بعد سبھی سرکاری دستاویزوں کو ریسرچ اسکالر کو دکھایا جاتا ہے۔ یہ بات بھی یونائٹیڈ برٹین کے اس فیصلے کے بعد رائج ہوئی جو نپولین سے جنگ کے بعد برٹش حکومت نے کیا تھا اور یورپ کے دوسرے ممالک نے بھی یہی رویہ اختیار کیا۔ 1907 میں ہندوستانی بغاوت کے پچاس سال پورے ہوئے اور شاید اس وقت کی حکومت نے محسوس کیا کہ 1857 کی تاریخ سرکاری دستاویزوں کو لے کر لکھی جائے جواب ریسرچ کے لیے سبھی کو حاصل ہونے والی تھی۔

یہ تاریخ بھی اگرچہ آفیشیل ریکارڈ پر مبنی ہے اور اسی طرح سے اس جد وجہد کو بیان کرتی ہے جس طرح انگریزی مصنفین کی لکھی ہوئی کتابیں۔ اس کتاب کی اشاعت میں صرف ایک نیا پہلو سامنے آیا ہے۔ مصنف نے واضح طور پر اظہار کیا ہے کہ جہاں تک اودھ کا تعلق تھا یہاں کی جنگ میں قومی سطح پر بغاوت کے آثار پائے جاتے تھے۔ حال ہی میں کمپنی نے ایک ہندوستانی بادشاہ سے بہت کچھ چھینا تھا اور عوام اس حملے کے زبردست مخالف ہو گئے تھے۔

اور اس لیے وہ کمپنی کے خلاف بغاوت کرنے کو اپنا جائز حق سمجھتے تھے کیوں کہ کمپنی نے اودھ کے ساتھ نا انصافی کی تھی۔ تاہم اودھ کی بغاوت میں قومی پیمانے پر بغاوت کی چنگاری کا پایا جانا کوئی نیا انکشاف نہیں تھا کیوں کہ لارڈ کیننگ نے بھی اپنے سرکاری مراسلوں میں اس بات کا اعتراف کیا ہے کہ اودھ کی جدوجہد ایک طرح سے قومی پیمانے کی مزاحمت تھی۔ اس لیے کتاب ہٰذا کے مصنف کو ان باتوں کو دہرانے میں کوئی قباحت نہیں ہوئی، جس کا اعتراف خود لارڈ کیننگ پہلے کر چکا تھا۔ مصنف نے یہ بھی کہا ہے کہ شاید اودھ کے تعلق داروں کے ساتھ اودھ پر قبضے کے بعد جو رحم دلی دکھائی گئی تھی غالباً وہ اسی حقیقت کے اعتراف میں تھی۔

جیسا کہ میں پہلے ہی کہہ چکا ہوں میں نے محسوس کیا کہ اب وقت آگیا ہے کہ 1857 کی تحریک کی ایک نئی اور معروضی تاریخ لکھی جائے۔ 1954 کے موسم خزاں میں میرا ذہن اس موضوع کی طرف دوبارہ متوجہ ہوا اور میں نے محسوس کیا کہ بغاوت کے صد سالہ جشن کے دوران ہی وہ مناسب موقع ہوگا جب اس کی نئی اور عالمانہ تاریخ لکھی

جائے۔ بغاوت کی پہلی چنگاری 10 مئی 1857 وہ نیک ساعت ہوگی جب اس جدوجہد کی مکمل اور جامع تاریخ شائع کی جائے۔

یہ سوال اکثر کیا جاتا ہے کہ اس بغاوت کے لیے کون لوگ ذمہ دار تھے۔ اس طرح کا مشورہ دیا گیا ہے کہ کچھ ایسے لوگ تھے جنہوں نے مل کر منصوبہ بنایا اور ایسی اسکیم وضع کی جس کے تحت اس تحریک کی ابتدا ہوئی تھی۔ میں اس بات کا اعتراف ضروری سمجھتا ہوں کہ اس پہلو پر مجھے شک ہے کیوں کہ غدر کے زمانے میں اور اس کے بعد بھی برٹش حکومت نے اس بات کی بہت زیادہ تفتیش کی تھی کہ اس بغاوت کے اسباب کیا تھے۔ لارڈ سیلس بری نے ہاؤس آف کامنس میں یہ بیان دیا تھا کہ اس بات کو قبول کرنے کے لیے قطعی تیار نہیں کہ اتنے وسیع پیمانے پر پھیلی اتنی طاقت ور تحریک صرف چربی ملی گولی کو لے کر پیدا ہوئی تھی۔ انہیں یقین تھا کہ جو کچھ سطح پر نظر آتا ہے اس کے پس پشت کچھ اور بھی باتیں تھیں۔ حکومت ہند اور پنجاب کی حکومت نے بھی اس سوال کا مطالعہ کرنے کے لیے بہت سے کمیشن بنائے۔ اس زمانے میں پھیلی سبھی افواہوں کا بغور مطالعہ کیا گیا۔ ایک

کہانی یہ بھی مشہور ہوئی تھی کہ چپاتیوں کے اندر رکھ کر اطلاعات بھیجی گئیں۔ اس کے علاوہ یہ بھی ایک پیشن گوئی تھی کہ ہندوستان میں برٹش حکومت کا خاتمہ جون 1875 میں پلاسی کی جنگ کے سو سال پورا ہونے پر ہو جائے گا۔ بہت زیادہ تفتیش اور جانچ پڑتال کے بعد بھی اس کا کوئی ثبوت نہیں ملا کہ یہ بغاوت پہلے سے منصوبہ بند تھی اور یہ کہ فوج اور ہندوستانی عوام اس سازش میں مشترکہ طور پر شامل تھے کہ وہ کمپنی کی حکومت کو اکھاڑ پھینکیں۔ میرا یہی خیال ایک زمانے سے تھا اور بعد میں اس سلسلہ میں جو بھی ریسرچ کی گئی اس سے کوئی نئی حقیقت ایسی سامنے نہیں آئی جس سے میرے خیالات میں کوئی تبدیلی ہو سکے۔

بہادر شاہ ظفر مقدمے میں اس بات کی کوشش کی گئی کہ یہ ثابت کیا جا سکے کہ وہ پہلے سے سوچی سمجھی سازش میں شامل تھے۔ جو بھی گواہیاں پیش کی گئیں، ان سے وہ برٹش حکمراں بھی مطمئن نہیں ہو سکے جو مقدمہ چلا رہے تھے اور اس طرح کی افواہوں کو ہر ذی شعور آدمی صرف افواہ سمجھنے پر مجبور ہے، بلکہ مقدمے کے دوران بھی سرف یہی

بات سامنے آئی کہ تحریک سے نہ صرف خود بہادر شاہ بلکہ انگریز بھی حیرت میں پڑ گئے تھے۔

اس صدی کے ابتدائی سالوں میں کچھ ہندوستانیوں نے بھی اس جدوجہد کے بارے میں لکھا ہے۔ لیکن اگر سچ بات کہنی ہو تو ہمیں یہ ماننا پڑے گا کہ جو بھی کتابیں انہوں نے لکھی ہیں، وہ تاریخ نہیں ہیں بلکہ سیاسی پروپیگنڈہ ہیں۔ ان کے مصنفین نے اس جدوجہد کو ہندوستان کی آزادی کی منصوبہ بند جنگ کا نام دیا ہے جسے ہندوستانی امراء نے برٹش حکومت کے خلاف چلایا تھا۔ انہوں نے چند افراد کو اس بغاوت کو منظم کرنے کا بھی ذمہ دار ٹھہرایا ہے۔ یہ کہا گیا کہ نانا صاحب جو پیشوا باجی راؤ کا جانشین تھا، اس نے تمام ہندوستانی فوجی تنظیموں سے تعلقات استوار کر کے اس کا منصوبہ بنایا تھا۔ اس کے ثبوت میں انہوں نے یہ کہا ہے کہ نانا صاحب لکھنؤ اور انبالہ مارچ اور اپریل 1857 میں گئے تھے اور اس کے بعد مئی 1857 میں اس جدوجہد کا آغاز ہوا۔ صرف اتنی سی بات کو اس بات کے لیے وافر ثبوت نہیں مانا جا سکتا۔

اس طرح کے خیالات کس قدر بے بنیاد اور افواہ پر مبنی ہیں، یہ اس وقت واضح ہو جاتا ہے جب اس طرح کے مورخین اودھ کے وزیر علی نقوی خان کو اس جنگ کے لیے خاص سازش کرنے والا بتاتے ہیں۔ جس کسی نے بھی اودھ کی تاریخ کا مطالعہ کیا ہے وہ اسے حد سے زیادہ مضحکہ خیز سمجھے گا کیوں کہ علی نقوی خاں ایسٹ انڈیا کمپنی کے پٹھو تھے۔ یہ وہی شخص تھا جس پر انگریزوں نے اعتماد کر کے انہیں واجد علی شاہ کو اس بات کے لیے تیار کرنے کو کہا تھا کہ وہ اپنی حکومت کو اپنی مرضی سے انگریزوں کے سپرد کر دیں۔ بلکہ برٹش ریزیڈنٹ جنرل آوٹ رام نے علی نقی خاں سے یہ بھی وعدہ کیا تھا کہ اگر وہ اپنے مشن میں کامیاب ہو گئے تو انہیں بہت زیادہ انعام و اکرام سے نوازا جائے گا۔ علی نقی خان اپنے اس منصوبے کے لیے اس طرح سے جی توڑ کر کوشش کر رہے تھے کہ واجد علی شاہ کی ماں کو خوف پیدا ہوا کہ اس طرح کسی بہانے سے وہ تخت حاصل کر لے گا۔ اسلیے انہوں نے حکومت کی مہر کو فوری طور پر اپنے قبضے میں کر لیا اور زنان خانہ میں اسے رکھا اور یہ حکم جاری کر دیا کہ ان کی اجازت کے بغیر یہ کہیں نہیں

جا سکتی۔ یہ ساری باتیں لکھنؤ کے عوام کو معلوم تھیں اور اسی لیے وہ علی نقوی خاں کو غدار کی حیثیت سے دیکھتے تھے۔ اس لیے یہ کہنا کہ ایسا شخص بغاوت کے پس پردہ سب سے بڑا سازشی تھا، بالکل ہی غلط ہو جاتا ہے۔

یہ بھی کہا گیا کہ منشی عظیم اللہ خان اور رنگو باپوجی دونوں نے مل کر اس بغاوت کا منصوبہ بنایا تھا۔ عظیم اللہ خان، نانا صاحب کا ایجنٹ تھا اور نانا صاحب نے اپنے مقدمے کی پیروی کے لیے انہیں لندن بھیجا تھا تاکہ وہ ان کے لیے وہ پنشن حاصل کر سکے جو باجی راؤ کو دی جا رہی تھی۔ ہندوستان واپس آنے سے پہلے وہ ترکی گئے جہاں کریمیا کی جنگ میں ان کی ملاقات عمر پاشا سے ہوئی۔ اسی طرح رنگو باپوجی بھی ڈلہوزی کے فیصلے کے خلاف، جس کے مطابق ستارہ کو برٹش حکومت میں شامل کر لیا گیا تھا، اپیل کرنے کے لیے گئے ہوئے تھے۔

صرف اتنی سی بات کو، کہ وہ الگ الگ مقاصد کے تحت لندن گئے تھے، یہ مان لیا گیا ہے کہ ان دونوں نے مل کر وہاں اس طرح کی سازش رچی۔ یہاں یہ بات بالکل صاف ہونی چاہیے کہ اس طرح کی

قیاس آرائیوں کو شہادت نہیں مانا جا سکتا۔ اور اگر یہ مان بھی لیا جائے کہ ان باتوں پر انہوں نے لندن میں کوئی بات بھی کی تو اس سے نتیجہ نہیں نکالا جا سکتا کہ اس بغاوت کے وہی محرک تھے، جب تک کہ ہندوستان میں بعد میں ہونے والے واقعات کا سلسلہ ان سے نہ مل جائے۔ ایسے رشتوں کا کوئی ثبوت نہیں ہے۔ کسی ریکارڈ یا گواہی کی عدم موجودگی میں ہم یہ نہیں کہہ سکتے کہ اس بغاوت کے لیے انہوں نے کوئی سازش رچی تھی۔ کانپور کے نزدیک بٹھور پر قبضہ ہونے کے بعد انگریزوں نے نانا صاحب کے سبھی کاغذات اپنے قبضہ میں کر لیے تھے، ان کاغذات میں ایک خط عمر پاشا کے نام بھی تھا جو انہیں کبھی نہیں بھیجا گیا۔ اس خط میں انہیں اطلاع دی گئی تھی کہ ہندوستانی فوجیوں نے انگریزوں کے خلاف بغاوت کر دی ہے۔ نہ تو اس خط میں اور نہ عظیم اللہ خان کے دوسرے کاغذات میں ایسا کوئی اشارہ ملتا ہے جس میں یہ کہا گیا ہو کہ انہوں نے اس بغاوت کے لیے کوئی سازش کی تھی۔ جو بھی ثبوت موجود ہیں ان سے ہم اس نتیجہ پر پہنچنے کے لیے مجبور ہیں کہ 1857 کی بغاوت نہ تو کسی منصوبہ بند سازش کا نتیجہ تھی اور نہ ہی اس

کے پیچھے کوئی سازشی دماغ کام کر رہا تھا۔ جو کچھ بھی ہوا وہ صرف اتنا کہ کمپنی کی سو سالہ حکومت کے دوران ہندوستانی عوام اس سے ناراض ہو چکے تھے کیوں کہ کمپنی نے شروع میں یہ عمل دخل نواب یا شہنشاہ کے نام پر دینا شروع کیا اور بہت دنوں تک ہندوستانیوں کو یہ محسوس ہی نہیں ہو سکا کہ غیر ملکی لوگوں نے یہاں کا اقتدار حاصل کر لیا ہے۔ اور جب انہیں یہ احساس ہوا کہ خود اپنے ملک میں انہیں غلام بنا لیا گیا ہے تو ایسے حالات پیدا ہو گئے کہ وہ اسکے خلاف آواز اٹھا سکیں۔

اگر یہ پوچھا جائے کہ اس بغاوت کے پھیلنے میں سو سال کی مدت کیوں لگی؟ تو اس کا جواب مندرجہ ذیل حقائق میں مل جائے گا۔ ہندوستان میں برٹش طاقت کے فروغ جیسی کوئی دوسری مثال تاریخ میں کہیں نہیں ملتی۔ یہ کسی ایک ملک کے ذریعہ کسی دوسرے ملک پر فوری طور پر فتح پا کر قابض ہونے کا معاملہ نہیں ہے بلکہ کسی ملک میں دھیرے دھیرے داخل ہونے کی کہانی ہے جس میں خود ملک کے عوام نے حملہ آوروں کی مدد کی۔ یہ حقیقت بھی کہ انگریزوں نے فتح برٹش تاج

کے نام پر نہیں حاصل کی اوراس وجہ سے وہ اپنے اصل مقصد پر پردہ ڈالنے میں کامیاب ہو گئے۔ اگر برطانیہ کی حکومت نے شروع سے ہی ہندوستانی معاملات میں دخل اندازی کی ہوتی تو ہندوستانیوں کو یہ احساس ہو جاتا کہ ایک غیر ملکی طاقت مل میں داخل ہو رہی ہے۔ چونکہ یہ ایک تجارتی کمپنی تھی، اس لیے لوگوں نے اسے اصل حکمراں نہیں سمجھا۔ اسی لیے کمپنی ایجنٹس نے اپنا معاملہ اس طرح طے کیا جس طرح کوئی اور غیر ملکی حکمراں کے ایجنٹس نہیں کر سکتے تھے۔ برٹش تخت کا کوئی بھی ایجنٹ مغل دربار کے شہزادوں اور بااثر لوگوں کے اشارے پر کام کرنے میں ہچکچاہٹ محسوس کرتا۔ کمپنی کے ایجنٹ کو اس طرح کی کوئی رکاوٹ نہیں تھی۔ وہ چھوٹے سے چھوٹے اہلِ کاروں کے سامنے بھی اسی طرح جھک جاتے جیسے ہندوستانی تجارت پیشہ لوگوں کے سامنے۔ انہوں نے رشوت بھی دی اور بہت سی بدعنوانیاں بھی کیں۔ اور انہیں کبھی یہ خوف نہیں ہوا کہ ان کا بادشاہ انہیں اس کام کے لیے سزا دے گا۔

یہ بھی نوٹ کرنے کی بات ہے کہ کمپنی نے کبھی کوئی مداخلت اپنے نام سے نہیں کی۔ اس نے ہمیشہ اپنے مفاد کو آگے رکھنے کے لیے کسی مقامی سردار کا سہارا لیا۔ اس طرح کمپنی نے جنوب میں کرناٹک کے نواب کے دعوے کی حمایت کرتے ہوئے اپنی طاقت بڑھائی۔ اسی طرح بنگال میں اس نے مرشد آباد کے نواب ناظم کے نام اور حکم کے تحت اپنے اختیارات وسیع کیے۔ حد تو یہ ہے کہ جب بنگال کی اصل حکمرانی اس کے ہاتھ آئی تو بھی اس نے اپنے کو خود مختار حکمراں نہیں سمجھا۔ لارڈ کلائیو نے شہنشاہ سے درخواست کی کہ اسے دیوانی کے اختیارات دے دیئے جائیں اور کئی دہائیوں تک کمپنی نے شہنشاہ کے ایجنٹ کی حیثیت سے کام کیا۔ یہی نہیں بلکہ کمپنی نے دوسرے صوبے کے گورنروں اور صوبے داروں کے قوانین کی بھی اتباع کی۔ صوبوں میں گورنروں کی اپنی مہر ہوا کرتی تھی لیکن انہوں نے خود کو ہمیشہ مغل شہنشاہ کا خادم ہی بتایا۔ گورنر اور صوبے دار دلی میں شہنشاہ کی آمد کے منتظر رہتے اور جب وہ لوگوں کے سامنے آتا تو جھک کر ان کی تعظیم کرتے، اسے ہدیہ اور تحائف پیش کرتے اور پھر

بعد میں شہنشاہ سے خلعت حاصل کرتے۔ گورنر جنرل نے بھی اسی طرح شہنشاہ کی تعظیم کی اور 101 اشرفیوں کی نذر پیش کی۔ اس کے جواب میں شہنشاہ نے انہیں خلعت اور خطاب سے نوازا اور یہ خطاب گورنر جنرل ہمیشہ سارے دستاویزوں میں استعمال کرتا۔ اس طرح ملک میں شہنشاہ کی بادشاہت کا بھرم قائم رکھا گیا۔ لوگوں کو بہت بعد میں یہ احساس ہوا کہ خود کمپنی دھیرے دھیرے اس ملک پر بااختیار حکمراں ہوتی جارہی ہے۔

یہ سلسلہ 19ویں صدی کی دوہائیوں تک چلتا رہا۔ اس وقت تک کمپنی کی حکومت دریائے ستلج تک وسیع ہو چکی تھی۔ تب اس وقت کے گورنر جنرل لارڈ ہسٹنگز کو یہ خیال ہوا کہ اب وقت آگیا ہے کہ وہ خود اپنی طاقت کا مظاہرہ کرے اور دھیرے دھیرے شہنشاہ سے اپنا رشتہ منقطع کرلے۔ اس سلسلہ میں اس نے پہلی چال یہ چلی کہ جب کبھی وہ شہنشاہ کے سامنے آئے تو اسے بیٹھنے کی اجازت ملے اور اس کو نذرانے کی روایت سے مستثنیٰ کیا جائے۔ شہنشاہ نے اس کی ان

دونوں درخواستوں کو مسترد کر دیا اور کچھ وقتوں تک گورنر جنرل نے کوئی اصرار بھی نہیں کیا۔

پھر کمپنی نے شہنشاہ کی طاقت گھٹانے کے لیے چھوٹی چھوٹی ریاستوں کو دلی سے آزاد ہونے کے لیے اکسایا۔ اس سلسلہ میں حیدر آباد کے نظام سے پہل کی گئی۔ اس سے درخواست کی گئی کہ وہ اپنی خود مختار بادشاہت کا اعلان کر دے۔ نظام اس سے متفق نہیں ہوئے۔ لیکن انگریزوں کو ایسا ایک سہارا اودھ کے نواب وزیر سے مل گیا۔ اودھ نے فوری طور پر بادشاہ کے زیر اثر صوبے سے آزاد ہونے کا اعلان کر دیا اور پھر شہنشاہ سے ساری وفاداری منقطع کر لی۔

1835 تک کمپنی نے اپنے کو خود اتنا مضبوط کر لیا کہ اس نے پہلی بار اپنے سکے ڈھالے جس میں بادشاہ کا نام نہیں دیا گیا۔ بہت سے لوگوں کو اس سے صدمہ ہوا۔ تب انہیں احساس ہوا کہ شہنشاہ کے ایجنٹ یا تجارت سے نکل کر کمپنی خود ہندوستان کے ایک وسیع علاقے کی مالک بن بیٹھی ہے۔ 1835 میں ہی ایک فیصلہ اور ہوا کہ عدالتوں کی زبان فارسی کے بجائے انگریزی کر دی جائے۔ ان سب عوامل سے لوگوں

میں یہ احساس ہوا کہ اب کمپنی کے رتبے میں تبدیلی آگئی ہے۔ اس احساس سے لوگوں کے دماغ پریشان ہو گئے۔ اور پریشانی صرف عوام کو ہی نہیں بلکہ مسلح افواج کے لوگوں کو بھی لاحق ہو گئی۔

انیسویں صدی کی تیسری دہائی میں حالات کا اندازہ ہمیں اس مطالعے سے ہو سکتا ہے جسے ایک معروف برٹش شہری نے اس زمانے میں پیش کیا تھا۔ عزت مآب فریڈرک جان شور، سر جان شور کے لڑکے تھے اور مختلف حیثیتوں سے بنگال پریزیڈنسی کے شمال مغربی خطے میں پولیس مال گزاری اور عدلیہ میں کام کر چکے تھے۔ اس نے انڈین گزٹ میں گمنام طریقے سے بہت سے مضامین لکھے۔ یہ انڈین گزٹ کلکتہ سے نکلنے والا ایک روزنامہ تھا اور اس نے 1837 میں ان مضامین کو جمع کر کے، انڈین افیرز، پر نوٹس کے نام سے ایک کتاب شائع کی۔ اس کتاب کے پڑھنے سے اس زمانے میں ہندوستانیوں کے ذہن کی مکمل عکاسی ہو جاتی ہے۔ اس نے بار بار اس بات کو دہرایا کہ گرچہ ظاہری طور پر ہر طرف امن و امان قائم ہے لیکن یہ حالات اس ڈائنا مائٹ کی طرح ہیں جن میں ذرا سی چنگاری سے ہر

طرف آگ کے شعلے نظر آنے لگیں گے۔ یہ وہی بڑھتی ہوئی بے چینی تھی جو 1837 کی بغاوت کی شکل میں تبدیل ہوئی۔

اس بے چینی کو دو عوامل کی وجہ سے بغاوت میں تبدیل ہونے میں کوئی وقت نہیں لگا۔ ایک تو وہ نئی پالیسی تھی جسے مسٹر تھامسن شمالی مغربی صوبے کے لیفٹیننٹ گورنر (بعد میں آگرہ اور اودھ) نے وضع کیا تھا۔ شروع میں کمپنی نے اس پالیسی کی حمایت کی تھی کہ زمین داروں کا ایک ایسا طبقہ پیدا کیا جائے جو ہمیشہ سرکار کا حمایتی رہے۔ تھامسن کا خیال اس سے جدا تھا۔ اس کا خیال تھا کہ بڑے بڑے امراء اور زمینداروں کا وجود کمپنی کے لیے کبھی بھی خطرہ ہو سکتا ہے۔ اس کا خیال تھا کہ اس لیے ایک طبقے کی حیثیت سے زمینداروں کو ختم کیا جانا چاہیے اور سرکار کو چاہیے کہ وہ رعایا سے خود اپنا تعلق قائم کرے۔ اس نئی پالیسی کے نتیجہ میں کمپنی نے ہر حیلہ اور بہانے سے کام لیا کہ کسی طرح امراء اور زمینداروں کو ان کی زمینوں سے بے دخل کر دیا جائے، خاص طور سے یہ کہہ کر کہ وہ خود سرکار کے تحت کا شکار ہیں۔

سب سے زیادہ فیصلہ کن وہ دوسری پالیسی تھی جسے ڈلہوزی نے وضع کیا تھا اور جس میں رفتہ رفتہ ایک کے بعد ایک ہندوستانی ریاستوں کو برٹش علاقے میں شامل کیا جا رہا تھا۔ اس میں ہندوستان، امراء کے آخری دور سے گزر رہا تھا۔ امراء اور زمینداروں کے تحت لوگوں کی وفاداری صرف اپنے امیر یا زمینداروں سے ہوتی۔ اس وقت ملک یا قوم سے وفاداری کا کوئی تصور نہیں تھا۔ جب لوگوں نے دیکھا کہ ایک کے بعد ایک ہندوستانی ریاستوں کو انگریزوں کا باج گزار بنایا جا رہا ہے اور رفتہ رفتہ زمینداری کے نظام کو ختم کیا جا رہا ہے تو اس سے بھی انہیں بہت دھکا لگا۔ انہوں نے محسوس کیا کہ اب کمپنی اپنے اصل رنگ میں سامنے آ رہی ہے اور وہ دھیرے دھیرے ہندوستانی سماجی اور سیاسی نظام کو تبدیل کرتی جا رہی ہے۔ یہ بے چینی اپنے عروج کو اس وقت پہنچی جب اودھ کمپنی نے قبضہ کر لیا۔ اودھ ایک ایسا صوبہ تھا جو ستر سالوں سے کمپنی کا حلیف تھا۔ اس پورے عرصے میں اودھ نے کبھی بھی برٹش مفاد کے خلاف کوئی کام نہیں کیا۔ اس

کے باوجود جب کمپنی نے بادشاہ کو تخت چھوڑنے کے لیے مجبور کیا اور سلطنت پر اپنا قبضہ کر لیا تو لوگوں کو بہت زیادہ صدمہ پہنچا۔

اودھ کی شکست کا سب سے بڑا اثر آبادی کے اسی علاقے پر پڑا کیوں کہ بنگال آرمی کے زیادہ تر فوجی اسی علاقے سے بھرتی کیے جاتے تھے۔ انھوں نے کمپنی کی ہر طرح سے وفاداری کے ساتھ خدمت کی تھی اور ملک کے وسیع علاقے میں اس کی حکومت قائم کرنے میں معاون رہے تھے۔ انھیں بھی اچانک احساس ہوا کہ ان کی خدمات کی بدولت کمپنی کو جو اختیار حاصل ہوا ہے اس کا استعمال انھوں نے خود ان کے بادشاہ کو ختم کرنے میں کیا ہے۔ میرے دل میں ذرا بھی اس بات کے لیے شک نہیں ہے کہ 1856 میں جب اودھ پر قبضہ کیا گیا اسی وقت سے فوجیوں میں اور خصوصاً بنگال آرمی میں بغاوت کا موڈ پیدا ہو گیا تھا اور یہیں سے لوگوں نے سوچنا شروع کیا کہ اب کمپنی کی حکومت کو اکھاڑ پھینکنے کا وقت آ گیا ہے۔ بغاوت کے دوران لارنس اور دوسروں نے عام سپاہی کے خیالات کو جاننے کی کوشش کی اور اس نظریے کی حمایت میں بہت سے شواہد موجود ہیں۔ چربی ملی گولیوں

کی فراہمی سے فوج میں کوئی نئی بے چینی نہیں پیدا ہوئی لیکن اس نے یہ موقع ضرور فراہم کر دیا کہ دبی ہوئی چنگاری شعلہ بن کر سامنے آ گئی۔ ابتدا میں ایسٹ انڈیا کمپنی ہندوستانیوں کے جذبات کا بہت لحاظ کرتی تھی۔ اس نے ہندوستانی احساسات کا پورا لحاظ رکھا اور اونچی ذات کے لوگوں کے ساتھ بہت اچھا رویہ روا رکھا۔ گورنر جنرل کونسل کے ممبران کی ایک روایت یہ رہی کہ وہ امراء کا اپنے دروازے تک آ کر استقبال کرتے، واپسی میں انہیں رخصت کرنے بھی جاتے اور ایسا ہر اس شخص کے ساتھ کیا جاتا جس کا سماج میں کوئی مرتبہ ہوتا۔ جیسے جیسے وہ طاقت ور ہوتی گئی، اس نے ہندوستانی جذبات کا خیال رکھنا چھوڑ دیا۔ نئے نئے قوانین وضع کیے گئے اور اس بات کا کوئی خیال نہیں کیا گیا کہ اس پر ہندوستانیوں کا تاثر کیا ہوگا۔ تاہم اس بات کا اعتراف کرنا ضروری ہے کہ اس نے اس طرح کی حرکت اپنی لاعلمی کی وجہ سے کی نہ کہ کسی تحقیر آمیز جذبے سے۔ سارے معاملات کا نظم گورنر جنرل ایک کونسل کی مدد سے کرتے جس کے سبھی ممبران صرف انگریز ہوتے۔ شاید کونسل میں کسی ہندوستانی کو شامل کیے جانے کا خیال ہی

خود کو نسل کے لیے بہت حیرت انگیز ہوتا اور کوئی ایسا نمائندہ ادارہ بھی نہیں تھا جس سے حکمراں رعایا کے تاثرات کو سمجھ سکتے۔ اس طرح لوگوں کے خیالات سے واقف ہونے کا اس کے پاس کوئی ذریعہ نہیں تھا۔ کمپنی اور اس کی رعایا کے درمیان خلیج بڑھتی ہی گئی۔ 1857 کے واقعات کے ضمن میں مختلف بیانات پڑھنے کے بعد چند نتائج آسانی سے اخذ کیے جاسکتے ہیں۔ یہ سوال خود بخود ہی پیدا ہوتا ہے کہ کیا یہ بغاوت صرف قومیت کے احساس کی وجہ سے پھیلی۔ اس میں کوئی شک نہیں کہ اس میں حصہ لینے والے لوگ قومیت کے جذبے سے سرشار تھے لیکن یہ اتنا زیادہ نہیں تھا کہ جس سے کوئی بغاوت پھیل سکتی۔ حب الوطنی کے جذبے کو لوگوں کے مذہبی جذبات بھڑکا کر تقویت پہنچائی گئی اور لوگ اٹھ کھڑے ہوئے۔ چربی ملی گولی کی تشہیر اس کی ایک مثال ہے۔ دوسرے طریقوں سے بھی سپاہیوں کے مذہبی جذبات کو مشتعل کیا گیا۔ اس کے بعد ہی وہ اپنے غیر ملکی آقاؤں کے خلاف اٹھ کھڑے ہوئے۔

جہاں تک چربی ملی گولی کا سوال ہے، فورٹ ولیم میں ملی دستاویزات سے یہ ثابت ہوتا ہے کہ کمپنی کے خلاف یہ الزام انصاف پر مبنی تھا لیکن اس کے علاوہ مذہبی مداخلت کے دوسرے الزامات بے بنیاد تھے۔ یہ افواہ بھی بہت آسانی سے پھیلائی گئی کہ کمپنی نے ستی کی رسم کو اس لئے ممنوع قرار دیا کہ وہ ہندو مذہب سے نفرت کرتی تھی۔ اس الزام کی کوئی بنیاد نہیں تھی۔ ستی کی رسم کو اس لیے ممنوع قرار دیا گیا کہ حکمراں طبقہ اور ہندوستان کے روشن خیال لوگوں کو بھی، جن کی قیادت راجہ رام موہن رائے کر رہے تھے، یہ احساس ہوا کہ یہ ایک غیر انسانی فعل ہے۔ کوئی بھی مہذب حکومت اسے برداشت نہیں کر سکتی تھی کہ انسانوں کو زندہ جلا دیا جائے۔ اب چونکہ اس جدوجہد کا جوش ختم ہو گیا ہے تو کوئی بھی ہندوستانی اس بات کو وافر جواز نہیں سمجھے گا کہ ستی پر لگائی جانے والی پابندی کمپنی کے خلاف بغاوت کا پیش خیمہ تھی۔

اسی طرح یہ الزام بھی بے بنیاد تھا کہ کمپنی گائے کی ہڈیوں کا سرمہ بنا کر آٹے میں ملا رہی ہے تاکہ ہندو سپاہیوں کے مذہبی جذبات کو ٹھیس

پہنچے، کوئی بھی باشعور آدمی آج اس الزام کو نہیں مانے گا۔ لیکن جس وقت یہ افواہ پھیلائی گئی تو بہت سے فوجیوں کو اس پر یقین ہو گیا اور فوجیوں کی بغاوت میں اس نے فلیتے کا کام کیا۔

ایسٹ انڈیا کمپنی نے فیصلہ کیا کہ ہندوستانیوں کو مغربی تعلیم دی جائے اور اس کے لیے انہوں نے بہت سے اسکول اور کالج کھول دیئے۔ یہ کام بھی روشن خیال ہندوستانیوں کی مانگ کی وجہ سے کیا گیا تھا۔ تاہم عام لوگوں نے اس قدم کو بھی یہ سمجھا کہ یہ ہندوستانیوں کو عیسائیت قبول کرانے کے لئے کیا گیا ہے۔ ان تعلیم گاہوں کے اساتذہ کو کالا پادری کا نام دیا گیا اور انہیں سماج میں حقارت کی نگاہ سے دیکھا گیا۔ لیکن آج کوئی آدمی یہ قبول نہیں کرے گا کہ ان تعلیمی اداروں کی بدولت بغاوت پھیلی۔

اب 1857 کے واقعات کو پڑھتے ہوئے میں اس نتیجے پر پہنچنے پر مجبور ہوں کہ اس وقت ہندوستانیوں کا قومی کردار بہت پست ہو چکا تھا۔ بغاوت کی قیادت کرنے والے کبھی ایک دوسرے کے ہمنوا نہیں ہو سکے۔ وہ آپس میں رقابت کا جذبہ رکھتے اور ایک دوسرے کے

خلاف ہمیشہ سازش کرتے رہتے۔ انہیں کبھی یہ خیال نہیں پیدا ہوا کہ ان کی نا اتفاقی کا برا اثر اس کام پر بھی پڑے گا۔ حقیقت تو یہ ہے لوگوں کی ایک دوسرے سے حسد اور سازش ہی ہندوستانیوں کی شکست کا سب سے بڑا سبب بنے گا۔

اس جدوجہد کے آخری دور میں بخت خان نے دلی کی کمان سنبھالی، وہ بہت ایماندار آدمی تھا اور وہ فتح حاصل کرنے کے لیے بے چین بھی تھا، جب کہ دوسرے فوجی سربراہوں نے اس کی شکست کا سامان مہیا کیا اور جب وہ لڑنے کے لیے آگے بڑھا تو ان لوگوں نے اسے کوئی تعاون نہیں دیا۔ یہی حالات لکھنؤ میں بھی تھے۔ ہندوستانی فوجیوں نے ریزیڈنسی کا محاصرہ کرلیا تھا۔ لیکن سپاہیوں نے محسوس کرلیا کہ اگر ایک بار وہ اس پر قبضہ کرلیتے ہیں تو پھر حکومت یا اودھ کی ملکہ کو ان کی کوئی ضرورت نہیں رہے گی۔ اس لیے ان کی خدمات اسی وقت تک درکار ہیں جب تک یہ جنگ چلتی رہے۔ اسی لیے سپاہیوں نے کبھی فیصلہ کن فتح پانے کی کوشش نہیں کی۔

اس کے برخلاف انگریزوں نے ملکہ عالیہ کے تئیں پوری وفاداری سے لڑائی کی اور انہوں نے محسوس کیا کہ یہ ایک قومی سانحہ ہے اور انہیں اپنی زندگی اور فتح کے لیے جی توڑ کوشش کرنی ہے۔ اس کے علاوہ یہ بات بھی بہت اہم ہے کہ سوائے چند استثنائی صورت کے جن میں سب سے نمائندہ شخصیت احمد اللہ اور تانتیا ٹوپے کی تھی، زیادہ تر قائدین، جنھوں نے اس جدوجہد میں حصہ لیا، صرف اپنے ذاتی مفاد کی خاطر آگے آئے۔ وہ انگریزوں کے خلاف اس وقت تک کھڑے نہیں ہوئے جب تک کہ ان کے ذاتی مفاد پر ضرب نہیں پڑی۔ حد تو یہ ہے کہ بغاوت شروع ہونے کے بعد بھی نانا صاحب نے یہ اعلان کیا کہ اگر ڈلہوزی اپنا فیصلہ بدل دے اور ان کی مانگوں کو مان لے تو وہ اس سے معاہدہ کرسکتے ہیں۔ جھانسی کی رانی کو بھی اسی طرح کی ذاتی شکایت تھی، لیکن یہ اور بات ہے کہ جب ایک بار وہ جنگ میں کود پڑیں تو پھر پیچھے نہیں ہٹیں اور اپنے مقصد کے حصول کے لیے اپنی جان کی قربانی دے دی۔

جب بغاوت کے قائدین کی یہ حالت ہو تو آسانی سے یہ اندازہ لگایا جا سکتا ہے کہ عوام کی کیا حالت رہی ہوگی۔ وہ اکثر تماشائی بنے رہے اور اس وقت جو زیادہ طاقت ور دکھائی دیتا اس کا ساتھ دینے لگتے۔ ان کے اس رویے کا اندازہ صرف اس بات چیت سے لگایا جا سکتا ہے کہ تانتیا ٹوپے کا کیا حشر ہوا؟ جب اسے شکست فاش ہوئی تو اس نے عہد کیا کہ وہ مدھیہ پردیش میں نرمدا کے پار اپنی جدوجہد جاری رکھے گا۔ اسے یقین تھا کہ اگر وہ ایک بار مراٹھا حلقے میں پہنچ گیا تو لوگ اس کی مدد کریں گے۔ ماورائی طاقت اور چالاکی سے کام لیتے ہوئے اس نے اپنے تعاقب میں آنے والوں کو چکمہ دیتے ہوئے نرمدا کو پار کر لیا۔ لیکن وہاں جانے کے بعد اس نے دیکھا کہ کسی گاؤں میں بھی لوگ اسے پناہ دینے کے لیے تیار نہیں۔ ہر شخص اس کے خلاف تھا اور آخر کار اسے پناہ لینے کے لیے جنگل کا رخ کرنا پڑا۔ یہاں بھی اس کے ایک خاص دوست نے نیند کی حالت میں اسے دھوکے سے پکڑوا دیا۔

اب اس عظیم جدوجہد کے دوران جو قتل و غارت گری ہوئی اس کے بارے میں چند الفاظ، انگریز مصنفین نے اکثر ہندوستانی سپاہیوں اور

ان کے قائدین کے ذریعہ جو غیر انسانی فعل کئے گئے ان کے بارے میں بہت تفصیل سے اور بڑھا چڑھا کر لکھا ہے۔ تاہم نہایت افسوس کے ساتھ اس بات کا اعتراف کرنا پڑ رہا ہے کہ ان میں سے بعض الزامات بے بنیاد نہیں تھے۔ یورپین عورتوں اور بچوں کا دلی، کانپور، اور لکھنؤ میں قتل عام کا دفاع کرنے کا کوئی جواز نہیں ہے۔ گرچہ نانا صاحب کو اس بات کا ذمہ دار نہیں ٹھہرایا جا سکتا کہ اس نے جنرل وہیلر سے جو وعدہ کیا تھا، وہ اسے پورا نہیں کر سکا۔ کیوں کہ اس کا فوجیوں پر کوئی اختیار باقی نہیں رہا تھا جنھوں نے سارے معاملات کو اپنے ہاتھوں میں لے لیا تھا۔ خود انگریز مورخین نے اس بات کا اعتراف کیا ہے کہ جب اس نے ایک بچے کی لاش کو پانی میں تیرتا ہوا دیکھا تو اسے بہت صدمہ ہوا۔ چاہے کچھ بھی ہو وہ ہندوستانی فوجی جو اسے اپنا قائد سمجھتے تھے انھوں نے ہی یہ گھناؤنا جرم کیا تھا۔ اسی طرح سے یہ ان قیدیوں کی بھی ذمہ داری تھی جنھیں جنرل ہیویلاک کے اس جگہ پر پہنچنے سے پہلے ہی قتل کر دیا گیا تھا۔ کہا جاتا ہے کہ اس نے یہ قتل اس بدلے کے جذبے سے کرایا تھا جو انگریزوں نے ہندوستانیوں

کے ساتھ الہ آباد میں کیا تھا تاہم ایک غلطی کے سبب دوسری غلطی کے کیئے جانے کا کوئی جواز نہیں ہے۔ نانا صاحب کو یقیناً ان بے چارے قیدیوں کے قتل کا ذمہ دار ٹھہرایا جائے گا۔

اگر اس طرح کے گھناؤنے کاموں سے ہندوستانیوں کا ریکارڈ بدنما ہو گیا تو انگریزوں نے بھی کوئی اچھا سلوک نہیں روا رکھا۔ انگریز مورخین نے عام طور پر برٹش افواج کے ان بہیمانہ مظالم کو نظرانداز کیا ہے۔ لیکن کچھ نے اس پر نفریں اور دکھ کا اظہار ضرور کیا ہے جو بدلے کے جذبے سے ہندوستانیوں پر کیئے گیئے تھے۔ خود ہڈسن کا نام خون کا پیاسا پڑ گیا تھا۔ نیل اس بات پر فخر کیا کرتا تھا کہ نام نہاد مقدموں کے نام پر اس نے سینکڑوں ہندوستانیوں کو پھانسی کے تختے پر چڑھایا۔ الہ آباد کے آس پاس کوئی ایسا درخت نہیں بچا تھا جس سے کسی ہندوستانی کی لاش نہ لٹکائی گئی ہو۔ ہو سکتا ہے کہ انگریزوں کو غصہ زیادہ آگیا ہو۔ لیکن یہی بات ہندوستانی بھی اپنے بارے میں کہا کرتے تھے۔ اگر بہت سے ہندوستانیوں کی اس حرکت کا کوئی جواز نہیں پیش کیا جا سکتا تو یہی بات انگریزوں کے ساتھ بھی صادق آتی تھی۔ مسلمان

امراء کو سور کی کھالوں میں زندہ سی دیا جاتا۔ اور پھر زبردستی ان کے گلے میں سور کا گوشت ڈال دیا جاتا۔ ہندوؤں کو لٹکتی تلواروں کے تلے گائے کا گوشت کھانے پر مجبور کیا گیا۔ زخمی قیدیوں کو زندہ جلا دیا گیا۔ انگریز سپاہی گاؤں میں نکل جاتے اور گاؤں والوں کو پکڑ کر لاتے اور انہیں اتنی اذیت دیتے کہ آخر کار وہ مر جاتے۔ کوئی بھی ملک یا کوئی بھی شخص اس قدر نفرت انگیز پر تشدد کام نہیں کر سکتا۔ اس کے بعد بھی وہ اپنے کو مہذب ہونے کا دعویٰ کرے۔

1857 کی بغاوت کے سلسلہ میں مبہم کہانیوں کے پس منظر میں دو باتیں صاف ابھر کر سامنے آتی ہیں۔ پہلی بات تو یہ کہ اس عرصے میں ہندو اور مسلمانوں کے درمیان بہت خاص یگانگت یا اشتراک دیکھنے کو ملتی ہے۔ اور دوسری بات یہ کہ اس پورے عرصہ میں مغل تاج کے تئیں ہر شخص نے اپنی گہری وفاداری دکھائی۔

غدر کی شروعات 10 مئی 1857 کو ہوئی اور یہ سلسلہ تقریباً دو سال تک چلتا رہا۔ اس دوران دونوں طرف کے سپاہیوں نے بہت سے شاندار اور بہت سے کالے کرتوت کیئے۔ بہت زیادہ بہادری کی

مثالیں بھی ملتی ہیں اور اسی طرح ناقابل یقین تشدد کے بھی واقعات ملتے ہیں۔ اس دوران ہمیں کہیں بھی کوئی ایک مثال نہیں ملتی جب فرقہ وارانہ بنیاد پر کوئی تشدد ہوا ہو۔ سبھی ہندوستانی، چاہے مسلم ہوں یا ہندو، چیزوں کو ایک ہی نظریے سے دیکھتے اور اسی نظریے سے واقعات پر تاثر ظاہر کرتے۔

فرقہ وارانہ جذبات سے یہ بے گانگی، لیڈروں کی کسی خاص کوشش کا نتیجہ نہیں تھی۔ ایسی کوئی مثال نہیں ملتی کہ 1857 کے دوران کسی نے بھی ہندو مسلم اتحاد کے لیے کوشش کی ہو۔ صدیوں کی ایک مشترکہ زندگی کے سبب ہندوؤں اور مسلمانوں میں اٹوٹ دوستانہ رشتے قائم تھے۔ اس لیے کسی خاص سبب کے لیے اتحاد کی اپیل کی جانے کی نہ کوئی ضرورت تھی اور نہ کوئی موقع تھا۔ اور اسی لیے آسانی سے یہ نتیجہ نکالا جا سکتا ہے کہ برٹش حکومت سے قبل ہندوستان میں ہندو مسلم کوئی مسئلہ نہیں تھا۔

حد تو یہ ہے کہ 1857ء سے پہلے انگریزوں نے پھوٹ ڈالو اور حکومت کرو، کی پالیسی اختیار کر رکھی تھی۔ یہ بھی صحیح ہے کہ خود برطانیہ

کے تاج نے ہندوستانی حکومت کی باگ ڈور نہیں سنبھالی تھی لیکن سو سال قبل پلاسی کی جنگ کے بعد ایسٹ انڈیا کمپنی زبردست طاقت بن گئی تھی۔ ان سوسالوں کے دوران برٹش افسران نے ہندوستانی سماج کے مختلف عناصر کے اختلافات کو بہت زیادہ ہوا دی تھی۔ کمپنی کے ڈائرکٹرس جو مراسلے بھیجتے اس میں اس بات پر بار بار زور دیا جاتا کہ ہندوؤں اور مسلمانوں کے درمیان فرق کیا جانا چاہیے۔ وہ محسوس کرتے کہ مسلمانوں اوران کی وفاداری پر کبھی بھروسہ نہیں کیا جاسکتا۔

ٹاڈ نے Annals of Rajasthan اور ایلیٹ نے ہسٹری آف انڈیا کے تعارف میں صاف صاف لکھا ہے کہ ایسٹ انڈیا کمپنی ہندوؤں اور مسلمانوں کے فرق کو بار بار زور دے کر اجاگر کرتی۔ لیکن یہ ایسٹ انڈیا کمپنی کے اعلیٰ عہدوں کے افسران ہی ہوتے اور وہ بہت حقارت سے ان ہندو مورخین کی طرف دیکھتے، مسلم بادشاہوں کی تعریف کرتے۔ انہیں اس بات پر حیرت ہوتی کہ ہندو مورخ مسلم بادشاہوں کے انصاف اور غیر تعصبانہ رویے کی بار بار تعریف کیوں کرتے ہیں۔

ٹاڈ کے Annals میں ایسے بہت سے مواد ملتے ہیں جن میں عہد وسطیٰ کی تاریخ کو یہ رنگ دینے کی کوشش کی گئی جس سے ہندوؤں اور مسلمانوں میں آپس میں پھوٹ پڑ جائے۔ جہاں کسی واقعہ کے بارے میں دو طرح کا تذکرہ ملتا وہاں صرف اسی واقعہ کو ریکارڈ کیا جاتا جس سے آپسی اتحاد میں پھوٹ پڑ جائے۔ تاہم 1857ء کے واقعات یہ ثابت کرتے ہیں کہ ان کی اس زہر افشانی کا کوئی نتیجہ نہیں نکلا۔ عام زندگی میں ہندوؤں اور مسلمانوں کے درمیان وہ بھائی چارگی اور ہمدردی کا جذبہ ملتا ہے جس نے سو سالوں کے تفرقہ ڈالنے کی اس کوشش کو ناکام کر دیا۔ یہی وجہ ہے کہ 1857 کی جدوجہد نے قومی جدوجہد کا رخ اختیار کر لیا، جس میں کبھی فرقہ وارانہ علاحدگی نہیں پیدا ہوئی۔ آزادی کی اس جدوجہد میں ہندو اور مسلمان کندھے کندھا ملا کر لڑتے رہے۔ اور ان کی مشترکہ کوشش یہ تھی کہ وہ کسی صورت برٹش غلامی کا جوا اپنے کندھوں سے اتار پھینکیں۔

اتحاد کا یہ جذبہ نہ صرف ہندوستانی سپاہیوں میں، بلکہ عام شہریوں کی زندگی میں بھی ملتا ہے۔ کوئی ایک بھی واقعہ مذہب کی بنیاد پر فساد کا نہیں

ملتا۔ گرچہ برٹش افسروں نے ہندوستانی فوجیوں کے آپس کے اختلافات کو اجاگر کر کے انہیں کمزور کردینے کی برابر کوشش کی۔

ہندوستانیوں نے 1857 کی جدوجہد مشترکہ طور پر کی۔ پھر یہ کیسے ہوگیا کہ کچھ دہائیوں کے بعد ہندوستانی قومیت کی راہ میں فرقہ وارانہ اختلافات ایک روڑا بن گئے؟ یہ ہندوستانی تاریخ کا ایک المیہ ہے کہ یہ مسئلہ روز بروز اتنا گمبھیر ہوتا گیا کہ آخر کار اس سے چھٹکارا پانے کے لیے ملک کی تقسیم فرقہ وارانہ بنیاد پر کرنی پڑی۔

اس کا صرف ایک جواب دیا جا سکتا ہے کہ اس فرقہ وارانہ اختلافات کی بنیاد انگریزوں ک اس پالیسی کی وجہ سے پڑی جو 1857ء کے بعد انھوں نے وضع کی تھی، انھوں نے دیکھا تھا کہ اس عظیم جدوجہد کے دوران سبھی نے مل کر پورے اتحاد کے ساتھ جنگ کی ہے۔ انگریزوں کو احساس ہوا کہ اب اس ملک میں ان کی حکومت صرف اس اتحاد کو توڑنے سے ہی قائم رہ سکتی ہے۔ اور یہ نتیجہ لازمی طور پر ان مراسلوں سے بھی نکلتا ہے جو اس وقت انگریزوں نے بھیجے۔ یہ فوج کی تنظیم نو میں بھی ملتا ہے جو غدر کو فرو کرنے کے بعد انگریزوں نے

کی۔ انہوں نے نہ صرف جنگجوؤں اور غیر جنگجو قوموں کے درمیان تقسیم کی، بلکہ فوج کو بھی اس طرح منظم کیا کہ ہندو اور مسلمان دونوں ایک دوسرے کی کاٹ میں لگے رہیں۔ ایسے اقدام کیئے گئے جس سے مستقبل میں ہندو اور مسلمان متحد نہ ہوسکیں۔ عوام کے لیے بھی ایسی پالیسی اختیار کی گئی جس سے ہندو مسلمانوں کے خلاف اور مسلمان ہندوؤں کے خلاف ہوجائیں۔ ان اختلافات کو اجاگر کرنے کا جب بھی کوئی موقع ملا، ان سے بھرپور فائدہ اٹھایا گیا۔ فوج میں اس پالیسی کو کیسے لاگو کیا گیا اس کی پوری وضاحت لارڈ برٹش کی سوانح میں مل جاتی ہے۔

دوسری اہم بات یہ ہے کہ اس جدوجہد کے دوران ہندو اور مسلمان بلا کسی شک و شبہ کے دلی یا بہادر شاہ کی طرف دیکھ رہے تھے، اور اس معاملے میں سبھی ہم خیال تھے کہ صرف بہادر شاہ کو ہی یہ حق حاصل ہے کہ وہ ہندوستان کا شہنشاہ ہوسکے۔ تاہم یہ یاد رکھنے کی بات ہے کہ جب یہ جدوجہد شروع ہوئی تو فوج میں اکثریت ہندوؤں کی تھی اور جب 10 مئی کو انہوں نے میرٹھ میں بغاوت کی تو ان کی پہلی آواز

نکلی، دلی چلو، اور یہ آواز کسی بحث مباحثے کے بعد نہیں بلکہ اپنے آپ فوجیوں کے منہ سے نکلی تھی۔ جب کینٹ میں یہ بغاوت پھیلی تو وہاں بھی یہی آواز بلند ہوئی اور حد تو یہ ہے کہ اگر فوجی دلی نہ پہنچ سکے تو وہ مغل شہنشاہ کی وفاداری کا دم بھرتے رہے۔

کانپور میں بغاوت کے دوران نانا صاحب نے اہم رول ادا کیا، لیکن اس وقت بھی وہ اپنے کو پیشوا ہی کہتے رہے۔ مراٹھا اور مغلوں کے درمیان پرانی جنگ کو بالکل بھلا دیا گیا تھا، اور نانا صاحب ہمیشہ اپنے کو صوبیدار یا گورنر کہتے رہے۔ صرف شہنشاہ کے نام پر ہی سکے ڈھالے جاتے اور ہر فرمان اسی کے نام پر جاری ہوتا۔ نانا صاحب کے اس طرح کے کچھ فرمان حیدرآباد دکن کے آرکائیوز میں رکھے ہوئے ہیں۔ اور ان میں سے ہر حکم نامہ دلی کے شہنشاہ کے نام پر ہی جاری کیا گیا۔ اور مغل دربار کی روایت کے مطابق سبھی پر تاریخ سنہ ہجری اور اس کے بعد سمت میں دی گئی ہے۔

ہمیں یہ بھی یاد رکھنا چاہیے کہ 1857 میں بہادر شاہ کی حیثیت صرف ایک کٹھ پتلی کی تھی۔ ان کی حکومت لال قلعہ کے اندر تک ہی محدود

تھی، دلی شہر ان کی حکمرانی سے باہر تھا۔ وہ ایسٹ انڈیا کمپنی کے ذریعے ہر مہینہ ملنے والے ایک لاکھ روپے کے وظیفہ پر گزارہ کر رہے تھے۔ نہ صرف وہ بلکہ ان کے پیش رو بھی صرف نام کے حکمراں تھے۔ ان کے پاس نہ تو خزانہ تھا اور نہ فوج، اور نہ ہی ان کا کوئی اختیار ہوتا، ان کے حق میں صرف ایک ہی بات تھی کہ وہ اکبر اور شاہجہاں کے جانشین تھے۔

ہندوستان کے عوام اور فوجیوں نے بہادر شاہ سے جو وفاداری دکھائی وہ ان کی شخصیت کی وجہ سے نہیں بلکہ اس لیے کہ وہ عظیم مغل حکمرانوں کے جانشین تھے۔ مغل حکومت کی عظمت نے ہندوستانی عوام کے ذہنوں کو اس طرح متاثر کیا تھا کہ جب یہ سوال پیدا ہوا کہ انگریزوں سے اختیار کون حاصل کرے گا تو ہندو اور مسلمان دونوں نے مل کر مشترکہ طور پر بہادر شاہ کا نام لیا۔

اس سے ہمیں یہ بھی معلوم ہوتا ہے کہ وہ حکومت جس کی بنیاد بابر نے رکھی اور جسے اکبر نے مستحکم کیا اس کی جڑیں بہت گہرائی تک ہندوستانی دل و دماغ میں پھیل چکی تھیں۔ ہندوستانیوں نے مغل

بادشاہ بطور علامت ہی استعمال کیئے جانے کے لائق رہ گیئے۔ وہ اس قدر کمزور تھے کہ سپاہیوں پر اور نہ اپنے امراء پر کوئی قابو رکھ سکتے تھے۔ ان کی ان شخصی کمزوریوں کے باوجود ہندوستانیوں کو ان کا کوئی متبادل نظر نہیں آیا۔ آخر تک فوجی اور ہندوستانی دونوں بہادر شاہ کو اصل حکمراں سمجھتے رہے۔ ستمبر 1857ء میں جب انگریزوں نے دلی پر قبضہ کیا تو بخت خان نے بہادر شاہ سے درخواست کی کہ وہ شہر چھوڑ دیں اور شہر کے باہر کہیں فوجوں کو جمع کریں۔ اس نے بہادر شاہ سے کہا کہ ابھی مکمل شکست نہیں ہوئی ہے۔ روہیل کھنڈ اور اودھ اب بھی ہمارے قبضے میں ہیں۔ لیکن بہادر شاہ اس موقعے سے فائدہ اٹھانے میں ناکام رہے۔ اس کے برخلاف انگریزوں نے سازشی الٰہی بخش کو اپنے ساتھ ملا لیا تھا جس نے بہادر شاہ کو سمجھایا کہ وہ دلی میں ہی رہیں، جس کا نتیجہ یہ ہوا کہ انہیں قید کر لیا گیا اور پھر پورے ملک میں یہ شورش پھیل گئی۔

***